駅からあるく西武線

大滝玲子

けやき出版

駅からあるく西武線

もくじ

駅からあるく西武線・・・もくじ

西武鉄道路線図……4

西武池袋線・秩父線・豊島線

椎名町・東長崎……8
江古田……10
桜台……12
練馬・豊島園……14
中村橋・富士見台……16
練馬高野台・石神井公園……18
大泉学園……20
保谷……22
ひばりヶ丘……24
東久留米……26
清瀬……28
秋津……30
所沢・西所沢……32
小手指……34
狭山ヶ丘……36
武蔵藤沢……38
稲荷山公園……40
入間市……42
仏子……44
元加治……46
飯能……48
東飯能……50
高麗……52
武蔵横手……54
東吾野……56
吾野……58
西吾野……60
正丸……62
芦ヶ久保……64
横瀬……66
西武秩父……68

西武新宿線

高田馬場・下落合・中井……72
新井薬師前、沼袋・野方……74
都立家政・鷺ノ宮……78
下井草・井荻……80

上井草・上石神井……82
武蔵関……84
東伏見……86
西武柳沢……88
田無……90
花小金井……92
小平……94
久米川……96
東村山……98
航空公園……100
新所沢……102
入曽……104
狭山市……106
新狭山……108
南大塚……110
本川越……112

西武拝島線・国分寺線

東大和市……116
玉川上水……118
武蔵砂川……120
西武立川・拝島……122
国分寺……124
恋ケ窪……126
鷹の台……128
小川……130

西武多摩湖線・狭山線・山口線・西武園線

一橋学園……134
青梅街道……136
萩山・八坂……138
武蔵大和・西武遊園地・遊園地西・西武球場前……140
下山口……142
西武園……144

西武多摩川線

武蔵境……148
新小金井……150
多磨……152
白糸台……154
競艇場前、是政……156
みどころデータ……163
さくいん……167

西武鉄道路線図

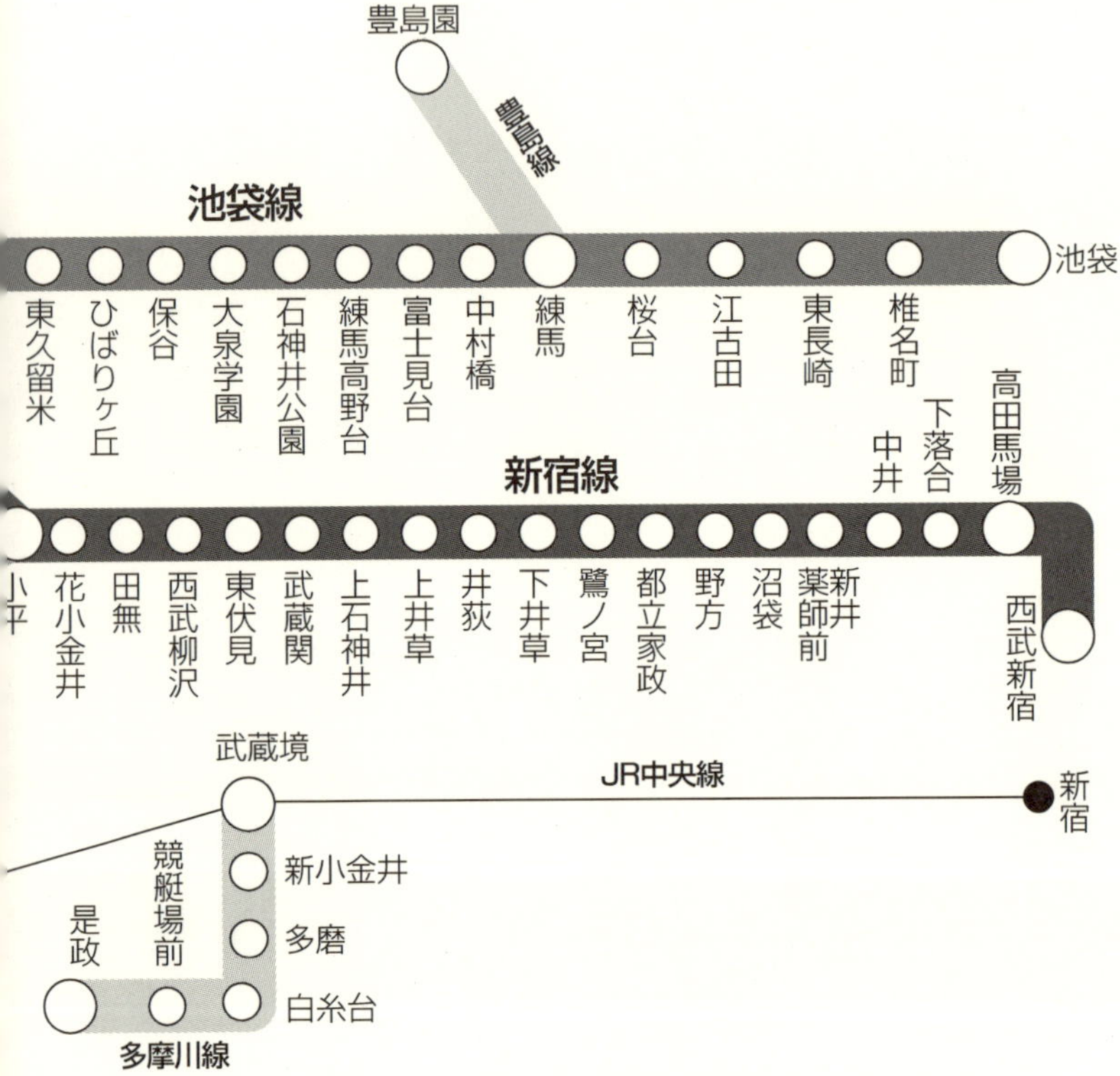
豊島園
豊島線
池袋線
池袋
椎名町
東長崎
江古田
桜台
練馬
中村橋
富士見台
練馬高野台
石神井公園
大泉学園
保谷
ひばりヶ丘
東久留米
新宿線
高田馬場
西武新宿
下落合
中井
新井薬師前
沼袋
野方
都立家政
鷺ノ宮
下井草
井荻
上井草
上石神井
武蔵関
東伏見
西武柳沢
田無
花小金井
小平
武蔵境
JR中央線
新宿
新小金井
多磨
白糸台
競艇場前
是政
多摩川線

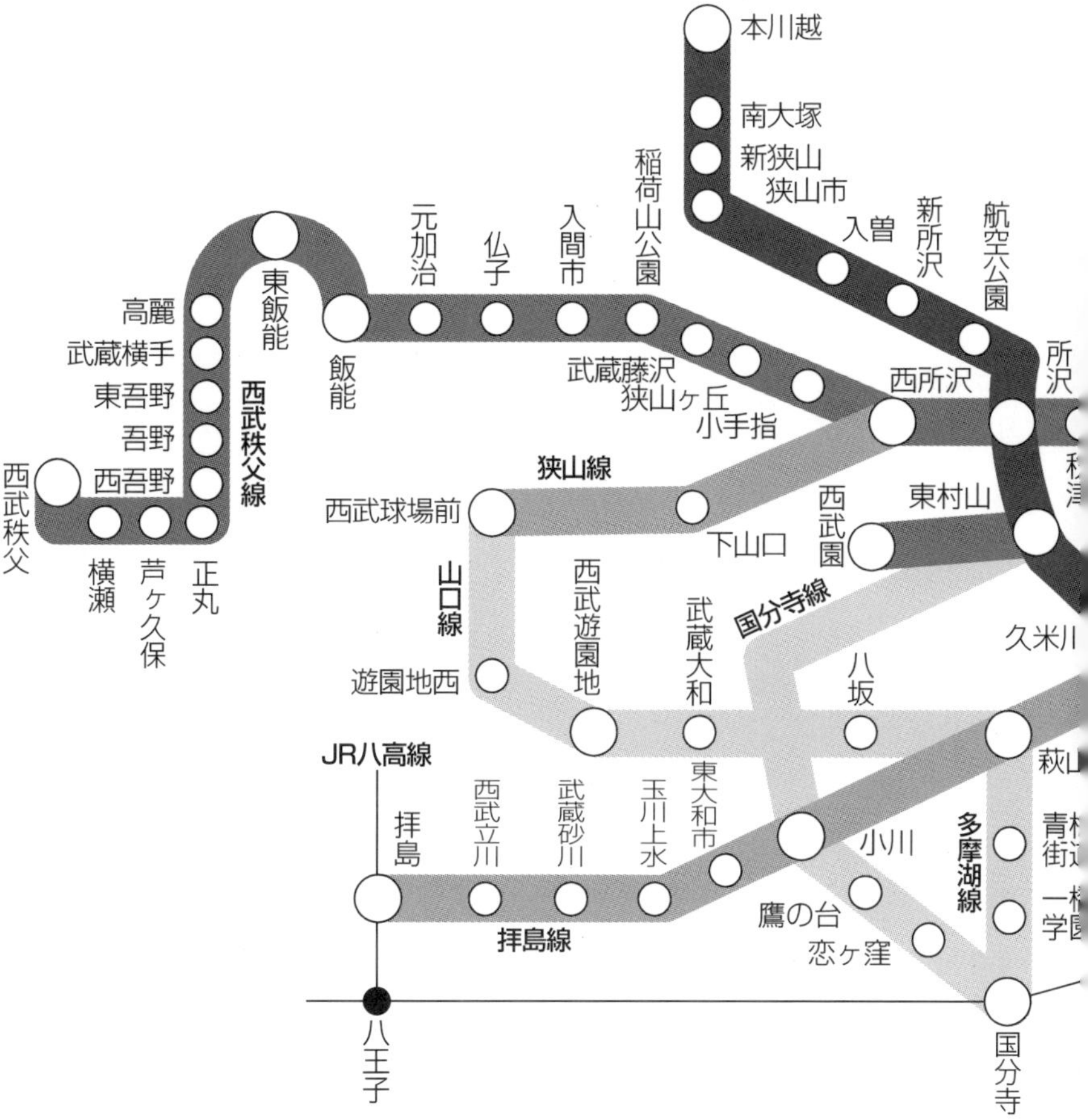
本川越
南大塚
新狭山
狭山市
入曽
新所沢
航空公園
所沢
稲荷山公園
元加治
仏子
入間市
東飯能
飯能
高麗
武蔵横手
東吾野
吾野
西吾野
西武秩父
横瀬
芦ヶ久保
正丸
西武秩父線
武蔵藤沢
狭山ヶ丘
小手指
西所沢
狭山線
西武球場前
下山口
西武園
東村山
山口線
遊園地西
西武遊園地
武蔵大和
国分寺線
八坂
JR八高線
拝島
西武立川
武蔵砂川
玉川上水
東大和市
小川
鷹の台
恋ヶ窪
多摩湖線
国分寺
拝島線
八王子

本書をご利用される皆さんへ

- 本書に記した【　】内のモデルコースタイムは特にことわりがない限り、徒歩での移動時間です。公園など施設の見学、休憩の時間は含まれていません。
- 各施設の所在地、電話番号、定休日、料金などは2001年8月のものです。直接取材により正確を期してはおりますが、今後変更になることもありえますので予めご了承ください。
- 山岳コースを歩く場合は、登山に必要な装備を整え、本書の他に登山用の地図を携行しましょう。
- 施設の年末年始、臨時休業などの休みは省略しています。

西武池袋線

西武秩父線

西武豊島線

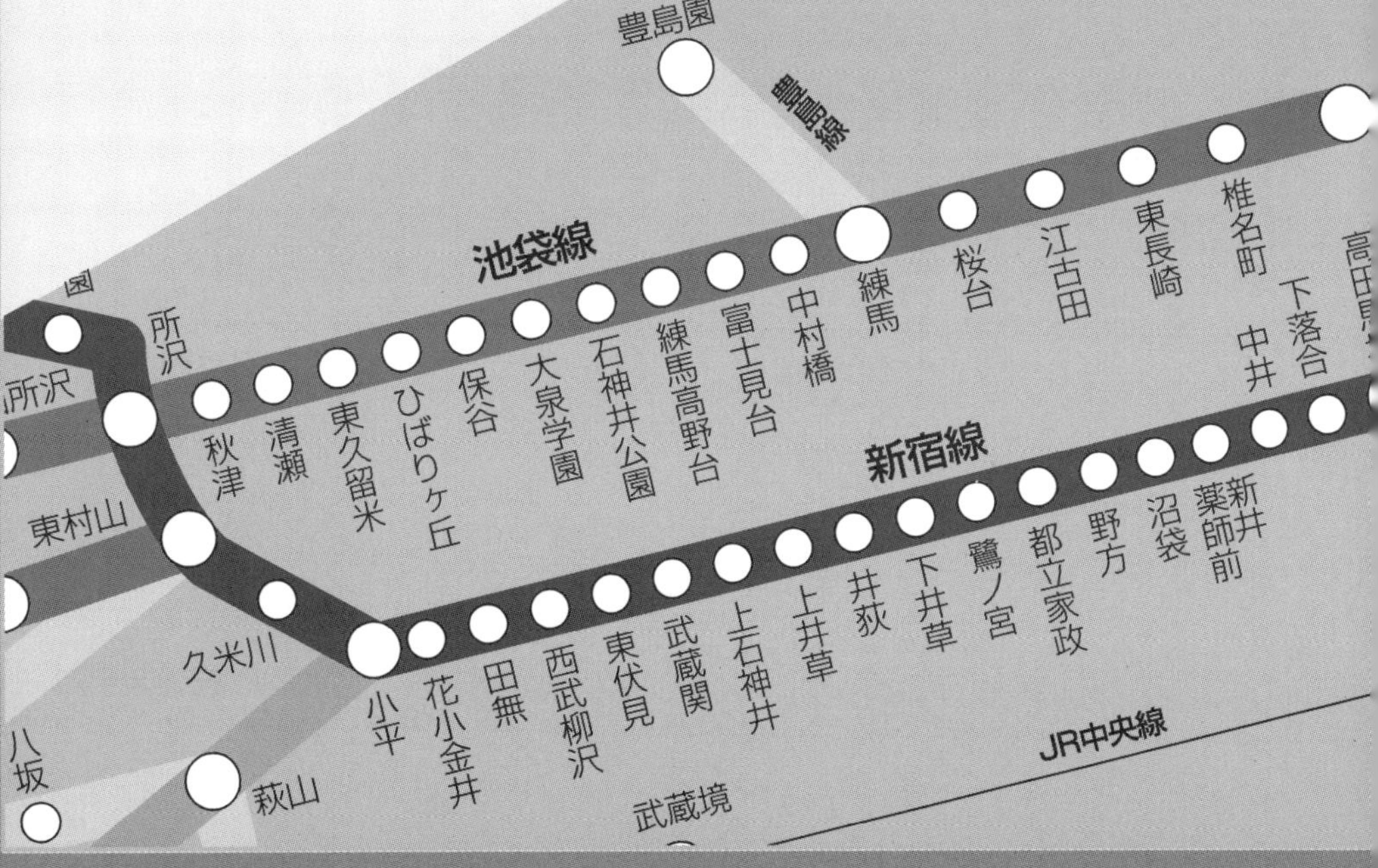

西武池袋線

江古田 ‐‐‐‐‐ **東長崎・椎名町** ‐‐‐‐‐ 池袋

東長崎・椎名町

ひがしながさき・しいなまち

岩崎家住宅から熊谷守一美術館へ

東長崎駅の南口からスタート。稲荷神社を左手に見てさらに進み、信号のある十字路を左に曲がる。道をはさんで郵便局の向かいにある民家は岩崎家住宅。江戸末期に建てられたものを一度解体、復元されたのだという。

ここから熊谷守一《くまがいもりかず》美術館へ行ってみよう。このあたりは昭和初期の頃、アトリエ付借家が多く建てられ、長崎アトリエ村と呼ばれた。多くの若い芸術家たちが集まり巣立っていったが、今ではその面影はなく、わずかにその名前を近くの老人ホームに残している。

熊谷守一氏も九十七歳で亡くなるまでの四十数年間この地区に住んでいた。美術館はその住居跡に、次女の熊谷榧《くまがいかや》氏が建てたものだ。一階には熊谷守一氏の絵と榧氏の版画・陶彫などを常設、二階は貸し画廊になっている。喫茶室で使っているコーヒーカップ等は榧氏の手作りとのこと。胡桃《くるみ》の入ったカヤケーキがおいしい。

要町《かなめちょう》通りを越えて北に行けば長崎富士と呼ばれる富士塚があるが、フェンスに囲まれていて登れないのが残念。

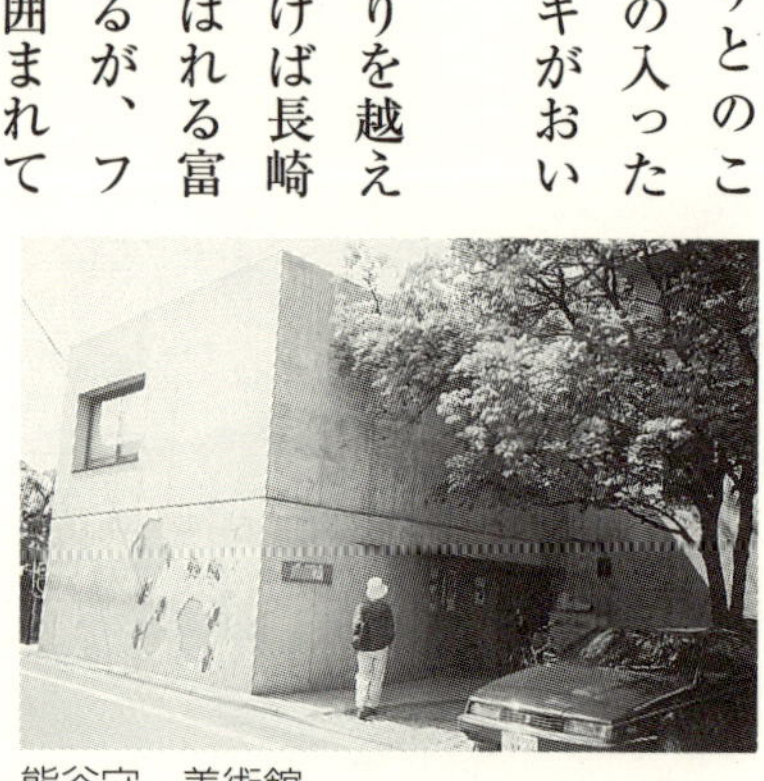

熊谷守一美術館

さて、帰りは椎名町にもどろう。南口には漫画ファンにはおなじみのトキワ荘があったが、老朽化に伴い一九八二年に解体されてしまった。手塚治虫・藤子不二雄・石ノ森章太郎・赤塚不二夫と聞けば、自分の子供時代とかさなった思い出の漫画があってなつかしい。

すでに昭和も遠くなってしまったなぁ、と思いながら電車に乗ったら、おそ松くんとトトコちゃんの同窓会シーンの中吊《なかづ》りを見て、思わず笑ってしまった。

旧アトリエ村＆おそ松くんを生んだ街を歩く

東長崎駅→岩崎家住宅→熊谷守一美術館→長崎富士
【モデルコースタイム　1時間30分】

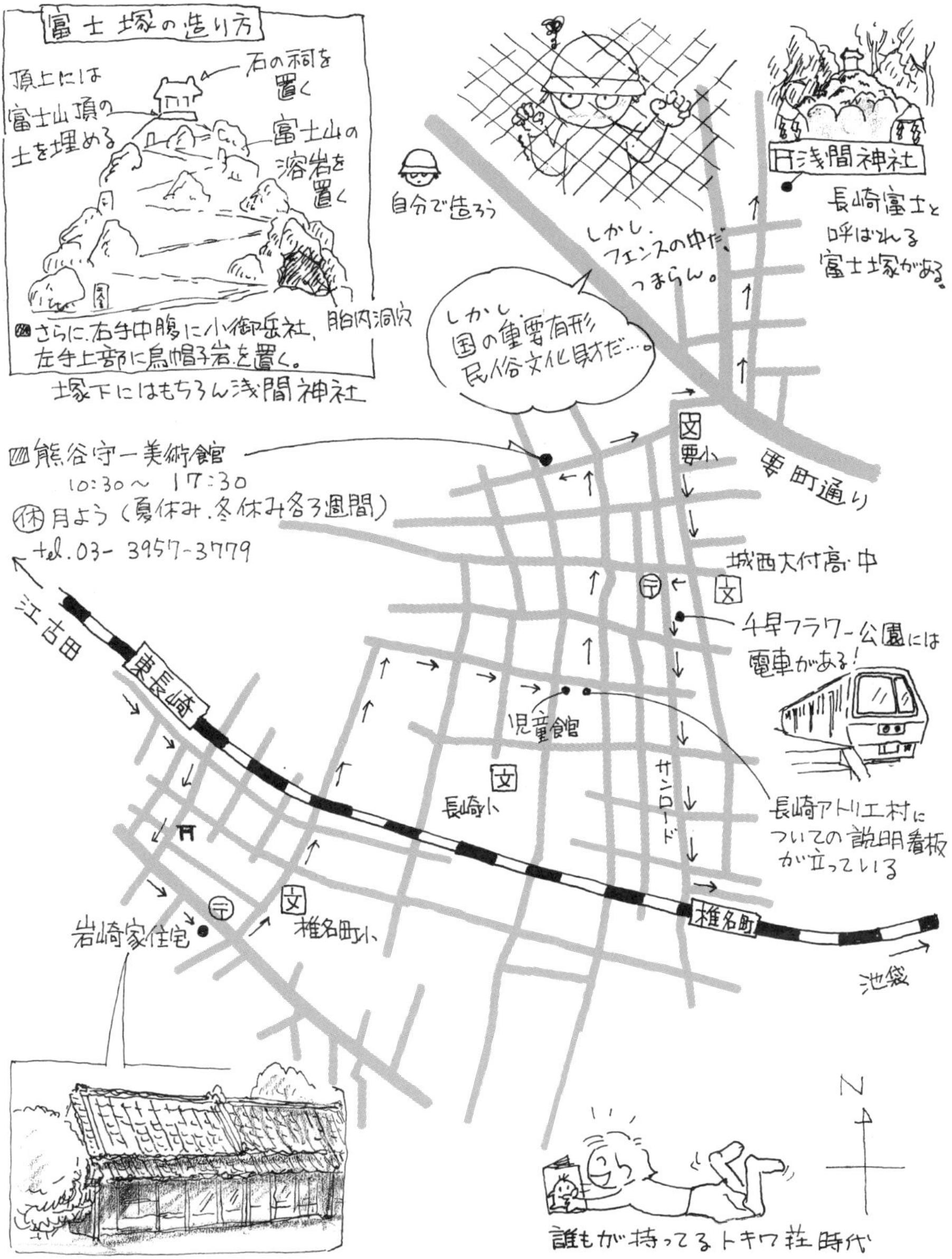
富士塚の造り方
頂上には富士山頂の土を埋める
石の祠を置く
富士山の溶岩を置く
胎内洞穴
さらに、右手中腹に小御岳社、左手上部に烏帽子岩を置く。
塚下にはもちろん浅間神社
自分で造ろう
しかし、フェンスの中だ、つまらん。
しかし国の重要有形民俗文化財だ…。
浅間神社
長崎富士と呼ばれる富士塚がある。
熊谷守一美術館
10:30～17:30
休 月よう（夏休み、冬休み各3週間）
tel.03-3957-3779
要小
要町通り
城西大付高・中
千早フラワー公園には電車がある！
児童館
サンロード
長崎アトリエ村についての説明看板が立っている
長崎小
江古田
東長崎
椎名町小
岩崎家住宅
椎名町
池袋
N
誰もが持ってるトキワ荘時代

西武池袋線

桜台 ― 江古田《えこだ》 ― 東長崎

茅原神社から武蔵野音大へ

駅の近くに、日大芸術学部、武蔵野音楽大、武蔵大があり、駅前の通りは活気がある。商店街も充実していて、網の目のような通りには、飲食店はもちろん、お惣菜《そうざい》からファッション、日焼けサロンまで、いろんなお店が並んでいる。足の向くままに歩いていると道に迷いそうだ。

道に迷う前に北口の駅前にある茅原浅間《かやはらせんげん》神社に寄ってみよう。境内には国の重要有形民俗文化財に指定された富士塚がある。富士信仰により、江戸時代に築造された高さ八mの江古田富士だ。

残念ながら、ここもまわりに柵が作られ、登ることはできないが、正月の三が日だけ鍵が開けられる。富士講《ふじこう》（富士山を参拝することを目的にした集団）の人々によって造られた富士塚は各地に残っていて、その保存状態もさまざまだが、当時の富士講の人たちは、ほかの富士塚を見に行くなどということはなかったのだろうか？「○○の富士は、形はまあまあだけど、石碑の字がちょっとなぁ～」などと張り合っていたりして……。富士塚を見ていると造った人たちの熱中ぶりと人間臭さが伝わってきて面白い。

年末の商店街

商店街を北に行くと武蔵野音大がある。楽器博物館は一般にも公開されているので興味のある人は入ってみるのもよい。

それ以外の人は再び商店街にもどり、南口もくまなく歩こう。武蔵大の構内にはすすぎ川と呼ばれる小川があり、昔この川で練馬大根をすすいでいたという由来が、いかにも練馬らしい。

学生の活気あふれる街に富士塚を訪ねる

駅→茅原浅間神社→武蔵野音大楽器博物館→武蔵大
【モデルコースタイム　30分】

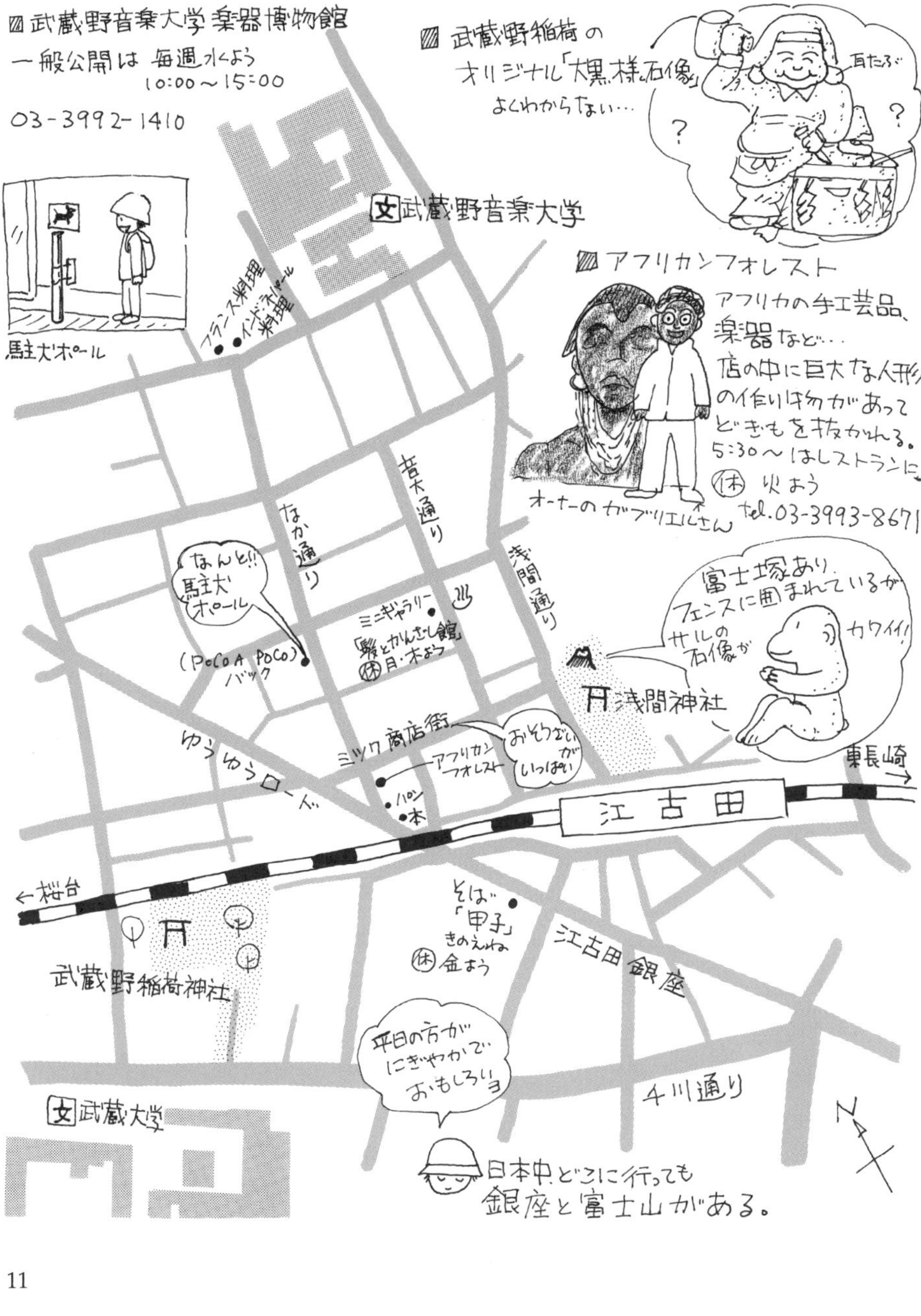

西武池袋線

練馬 ― 桜台《さくらだい》 ― 江古田

七千点に及ぶ教育資料

駅の南口から千川通りに出ると、桜並木の若葉が目に優しい。

　これから訪ねるのは教育学、教育史研究家の唐澤富太郎《からさわとみたろう》（東京教育大学名誉教授）氏が長い年月をかけて収集した研究資料を展示した私設の博物館。環七通りから入ってすぐのところにある博物館は三階建てのユニークな外観、平成五年に建てられたというが、そのたたずまいは明治時代の雰囲気を漂わせている。

　それもそのはず。明治時代、鳥取の小学校で実際に使われていた階段の手すりに合わせて建てられたのだという。館内には、江戸時代から昭和まで七千点に及ぶ資料が展示されていて見ごたえがある。

　小学校で最初に使われた教科書や戦時中に使われたランドセルなど、子どもの遊びや教育の歴史に興味がある人にはおすすめ。現代の子どもたちにもぜひ見てほしい（見学するには電話で予約が必要）。

唐澤博物館

　入り口の二宮金次郎《にのみやきんじろう》に別れを告げ、環七通りまでもどる。高円寺方面に少し歩いたところで、手焼き煎餅《せんべい》の看板を見つけてのぞいてみた。昔ながらのガラスのケースに入った煎餅は、ご主人が心をこめた手焼きで、これを買いに遠くから来るファンもいるという。日本中どこに行っても同じ味のお菓子が買える時代に、ここでしか手に入らないものがあるというのも嬉しい。

　ツツジの季節なら練馬文化センターに隣接した平成ツツジ公園によってひと休みしていこう。

子どもの教育と遊びの世界を訪ねる

駅→唐澤博物館→平成ツツジ公園
【モデルコースタイム　1時間】

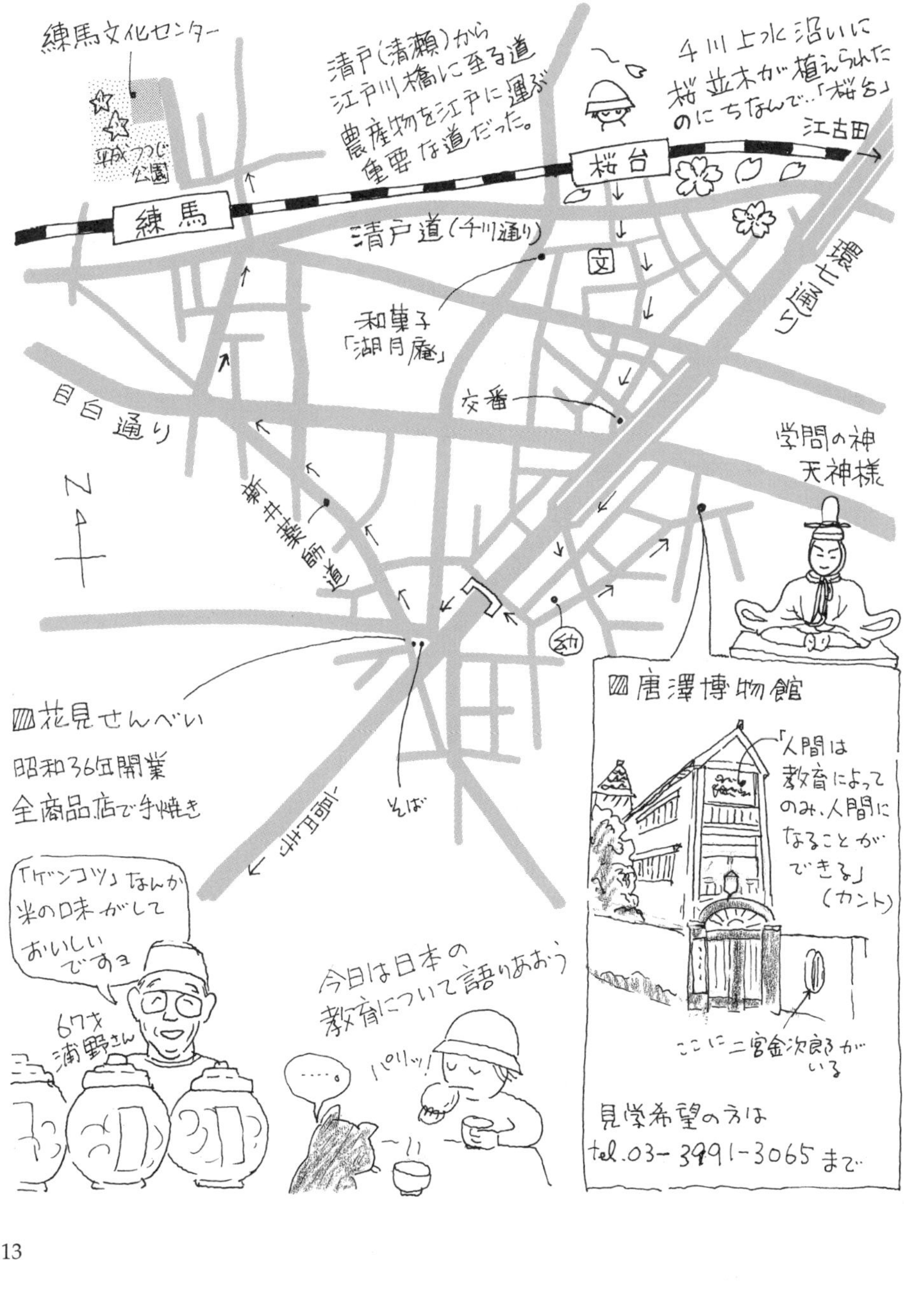

練馬文化センター
平成つつじ公園
清戸(清瀬)から江戸川橋に至る道 農産物を江戸に運ぶ重要な道だった。
千川上水沿いに桜並木が植えられたのにちなんで…「桜台」
江古田
桜台
練馬
清戸道(千川通り)
文
環七通り
和菓子「湖月庵」
交番
目白通り
N
学問の神 天神様
新井薬師道
幼
花見せんべい
昭和36年開業
全商品店で手焼き
そば
千川通り
唐澤博物館
「人間は教育によってのみ、人間になることができる」(カント)
ここに二宮金次郎がいる
見学希望の方は tel.03-3991-3065まで
「ゲンコツ」なんか米の味がしておいしいですョ
67才 浦野さん
今日は日本の教育について語りあおう
……。
パリッ!

西武池袋線・豊島線

中村橋 ---- **練馬・豊島園** ---- 桜台

ねりま・としまえん

向山庭園から広徳寺へ

　改札口を出ると目の前が豊島園遊園地だ。楽しそうな家族連れの姿を見ながら左に道を取り、練馬区立向山《こうやま》庭園に入ってみよう。純日本風庭園で池やあずまやもあり、遊園地の隣にあるとは思えない静かさだ。このあたりから遊園地にかけての一帯には、かつて豊島氏の拠点の一つ、練馬城があったが、現在その面影はない。

　生垣の多い閑静な住宅地から、踏切を渡って豊島園通りを白山《はくさん》神社へ。境内には樹齢七百から八百年といわれる二本の大ケヤキがあり、国の天然記念物に指定されている。再び通りに出て、十一ヶ寺《じゅういっかじ》の中央の通りに入ってみよう。

　文字通り十一の寺院が集まっている場所でそのうちの一つ、九品院《くほんいん》の境内に蕎麦《そば》喰い地蔵が安置されている。

蕎麦喰い地蔵

　昔、寺が浅草にあった頃、門前の蕎麦屋に毎晩僧が訪れては、蕎麦の布施《ふせ》を乞うていた。店主は快く蕎麦を与えていたが、ある晩こっそり後をつけていくと、僧は隣の寺の地蔵堂の中に消えてしまった。そして、店主の夢枕《ゆめまくら》に立ってこう言った。「おまえは心がけがよい。毎夜の布施の報謝《ほうしゃ》に、諸難悉滅《しょなんしつめつ》・抜苦与楽《ばっくよらく》・悪疫退散《あくえきたいさん》の法を授けよう」。その後悪疫が流行したが九品院に奉詣《ほうし》する人は難病から逃れ、おかげで蕎麦屋は大繁盛した（参考／三吉朋十《みよしともかず》著『武蔵野の地蔵尊』有峰書店）とのいわれがある。

　ここからは石神井川《しゃくじいがわ》沿いに出て、遊歩道を高稲荷《たかいなり》神社まで歩き、柳生宗矩《やぎゅうむねのり》・柳生十兵衛《やぎゅうじゅうべえ》父子の墓がある広徳寺を見学して帰ろう。

遊園地へは寄らずにお寺で歴史の勉強です

豊島園駅→向山庭園→白山神社→十一ヶ寺→広徳寺
【モデルコースタイム　2時間】

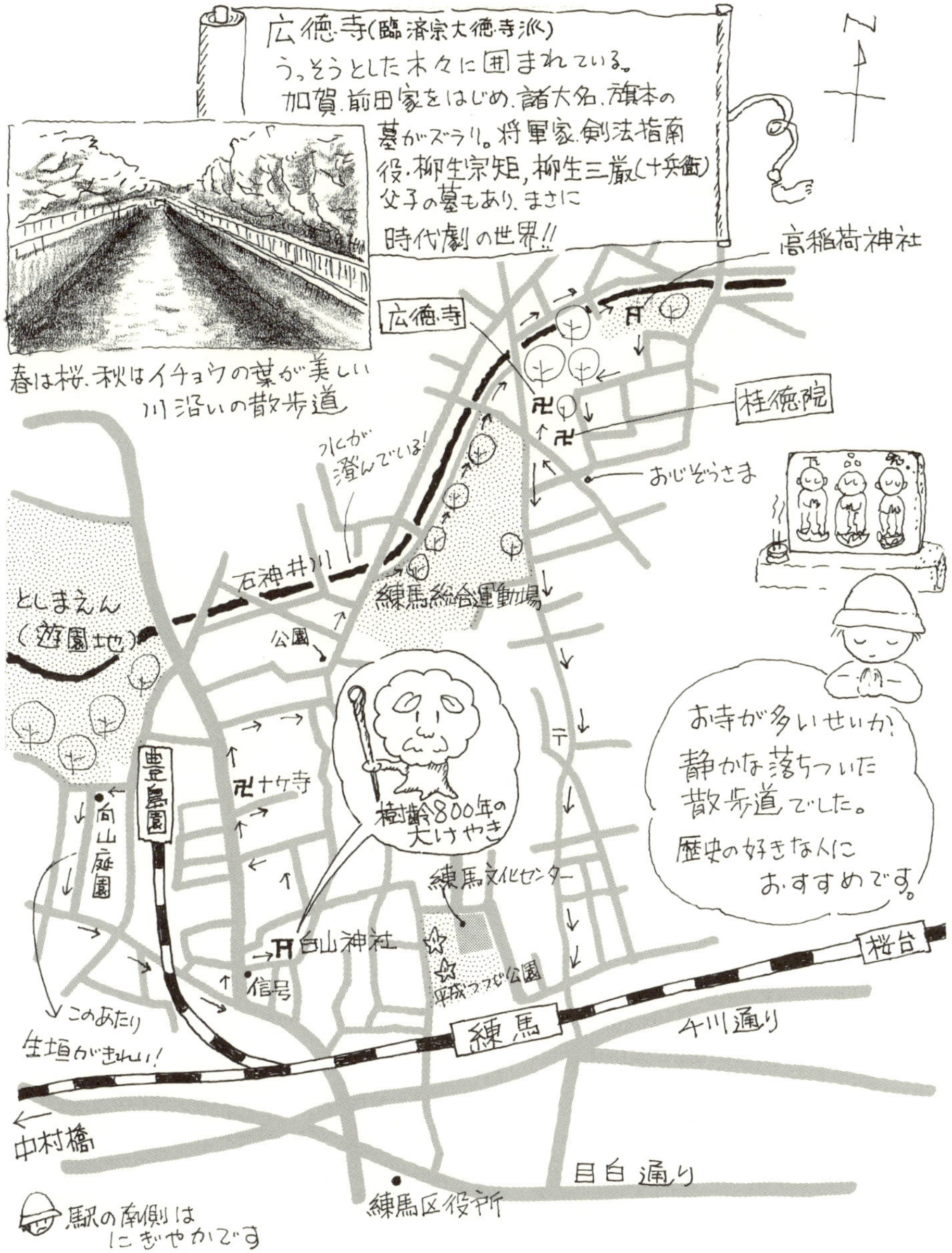

広徳寺(臨済宗大徳寺派)
うっそうとした木々に囲まれている。
加賀.前田家をはじめ.諸大名.旗本の墓がズラリ。将軍家.剣法指南役.柳生宗矩,柳生三厳(十兵衛)父子の墓もあり.まさに時代劇の世界!!
春は桜.秋はイチョウの葉が美しい川沿いの散歩道
高稲荷神社
広徳寺
桂徳院
おじぞうさま
水が澄んでいる!
石神井川
練馬総合運動場
としまえん(遊園地)
公園
樹齢800年の大けやき
十ケ寺
豊島園
向山庭園
お寺が多いせいか.静かな落ちついた散歩道でした。歴史の好きな人におすすめです。
練馬文化センター
白山神社
信号
平成つつじ公園
桜台
練馬
千川通り
このあたり生垣がきれい!
中村橋
目白通り
練馬区役所
駅の南側はにぎやかです

西武池袋線

練馬高野台 ---- **富士見台・中村橋** ----- 練馬

ふじみだい・なかむらばし

練馬区立美術館

　富士見台駅前の商店街は、小さいながら活気がある。いくつかお店をのぞいた後は有機無農薬米と有機野菜のヘルシーなカレーを食べる。材料にこだわった香采軒《こうさいけん》のカレーは雑誌にも紹介され、掲載誌をかかえてきている客もいる。自家製のケーキとチャイでひと休みするのもいい。カレーのあとは、腹ごなしもかねて、隣の中村橋駅前にある練馬区立美術館まで歩いていこう。

　桜の頃なら千川通りの桜並木を歩くのもよいが、そうでなければ排気ガスを避けて静かな道に入ろう。通りをちょっと入れば、あたりはひっそりとしている。中村橋の駅前からまっすぐのびたバス通りにぶつかったら右折、ちょっと歩くが、御嶽《おんたけ》神社と八幡神社を見ていこう。

　八幡神社の一角には首つぎ地蔵と呼ばれるお地蔵様があり、昭和初期の不況時代には、なんとか首切りをのがれようと参詣《さんけい》の人で賑わったという。この不況の中、リストラ不安で、再び参詣する人が増えるかもしれない。

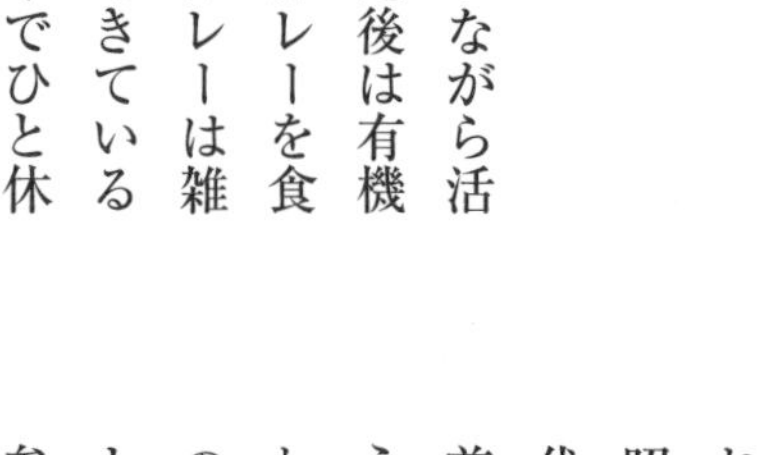

八幡神社

　千川通りにもどり、お不動様に手を合わせて中村橋駅に向かう。昔は上水のほとりで水の音を聞いていたのだろうか、今は通りの中の小さな緑地で車の流れを見守っている。

　中村橋駅からはガードをくぐって北口に出れば、美術館まで五分とかからない。同館では常設展のほか、年に数回の企画展も開催されている。週末には、ゆっくりと絵を眺めて時間を過ごすのもいいではありませんか。

　いや〜大人の休日！

美術館で大人の休日

富士見台駅→御嶽神社→八幡神社→練馬区立美術館
【モデルコースタイム　1時間30分】

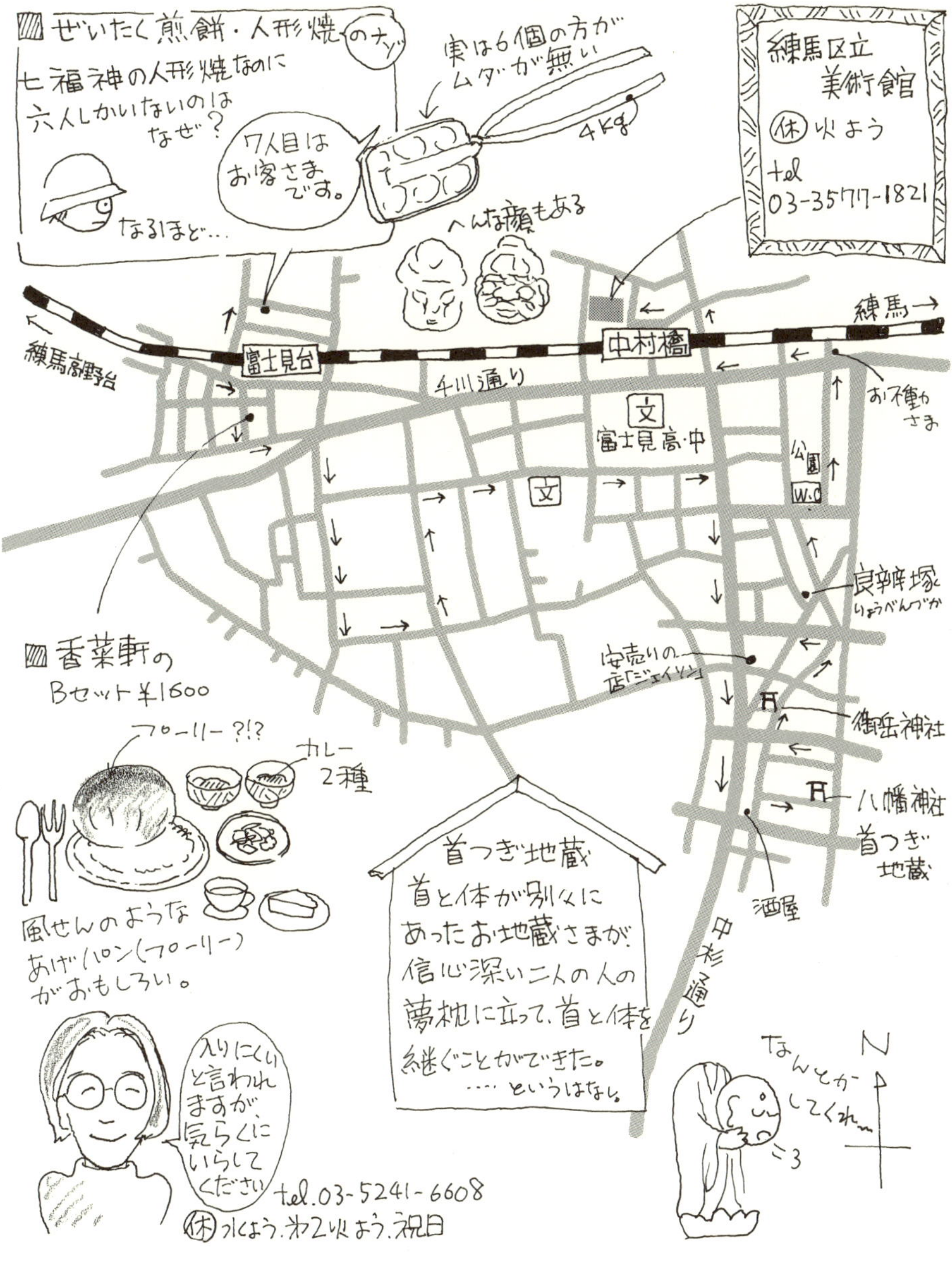

ぜいたく煎餅・人形焼のナゾ
七福神の人形焼なのに六人しかいないのはなぜ？
7人目はお客さまです。
なるほど…
実は6個の方がムダが無い
4Kg
へんな顔もある
練馬区立美術館
休 火よう
tel 03-3577-1821
練馬→
練馬高野台
富士見台
中村橋
千川通り
文
富士見高・中
公園
W.C
おし稲荷さま
良辨塚 りょうべんづか
安売りの店「ジェイソン」
御岳神社
八幡神社
首つぎ地蔵
酒屋
中杉通り
香菜軒の
Bセット ¥1600
フローリー?!?
カレー2種
風せんのようなあげパン(フローリー)がおもしろい。
首つぎ地蔵
首と体が別々にあったお地蔵さまが、信心深い二人の人の夢枕に立って、首と体を継ぐことができた。
……というはなし。
なんとかしてくれ…
ごろ
N
入りにくいと言われますが気らくにいらしてください
tel.03-5241-6608
休 水よう、第2火よう、祝日

西武池袋線

大泉学園 ---- **石神井公園・練馬高野台** ---- 富士見台

しゃくじいこうえん・ねりまたかのだい

石神井公園ひとまわり

石神井公園駅から徒歩七、八分。散歩には格好の場所にある都立石神井《しゃくじい》公園は、自然を生かし、野鳥や植物の観察ができるようになっている三宝寺池《さんぽうじいけ》と、ボートや釣りが楽しめる石神井池の二つからなっている。

趣の異なる二つの池には、冬、水鳥が多く飛来する。今日は、この公園をぐるりとひとまわりしてみることにしよう。

ボート乗り場から石神井池沿いにスタート。

ちびっこ釣場を左に見ながら歩いていく。春ならば桜の花の下、夏ならば水面に柳の枝が涼しげな散歩になる。井草通りを越えると雰囲気が一変、木道がめぐらされた園内はまるでどこかの高原のよう。

ラクウショウ、ハンノキが目立つ雑木林。足元に広がる水辺の植物は沼沢植物群落として、国の天然記念物に指定されている。

水鳥の姿も多く、冬ならばオナガガモやホシハジロ、カルガモやカワセミは年間を通してその姿を見せてくれる。

なかでもカワセミはここを撮影ポイントにしているアマチュアカメラマンたちの熱意で池の中にとまり木が立てられ、運がよければ間近にそのコバルトブルーの姿を見ることができる。

池の南側には豊島氏の居城《きょじょう》で、太田道灌《おおたどうかん》によって滅ぼされた石神井城跡がわずかに残っ

池のほとりでカワセミウォッチング

石神井公園駅→石神井公園
【モデルコースタイム　1時間30分】

三宝寺池

ている。
　ボート乗り場までもどったら、石神井川沿いに練馬高野台駅まで歩いて帰ろう。
　水辺を歩くと、自然いっぱいの池の近くにいながら、あえてコンクリートの石神井川に遊ぶ水鳥の一団もいて面白い。

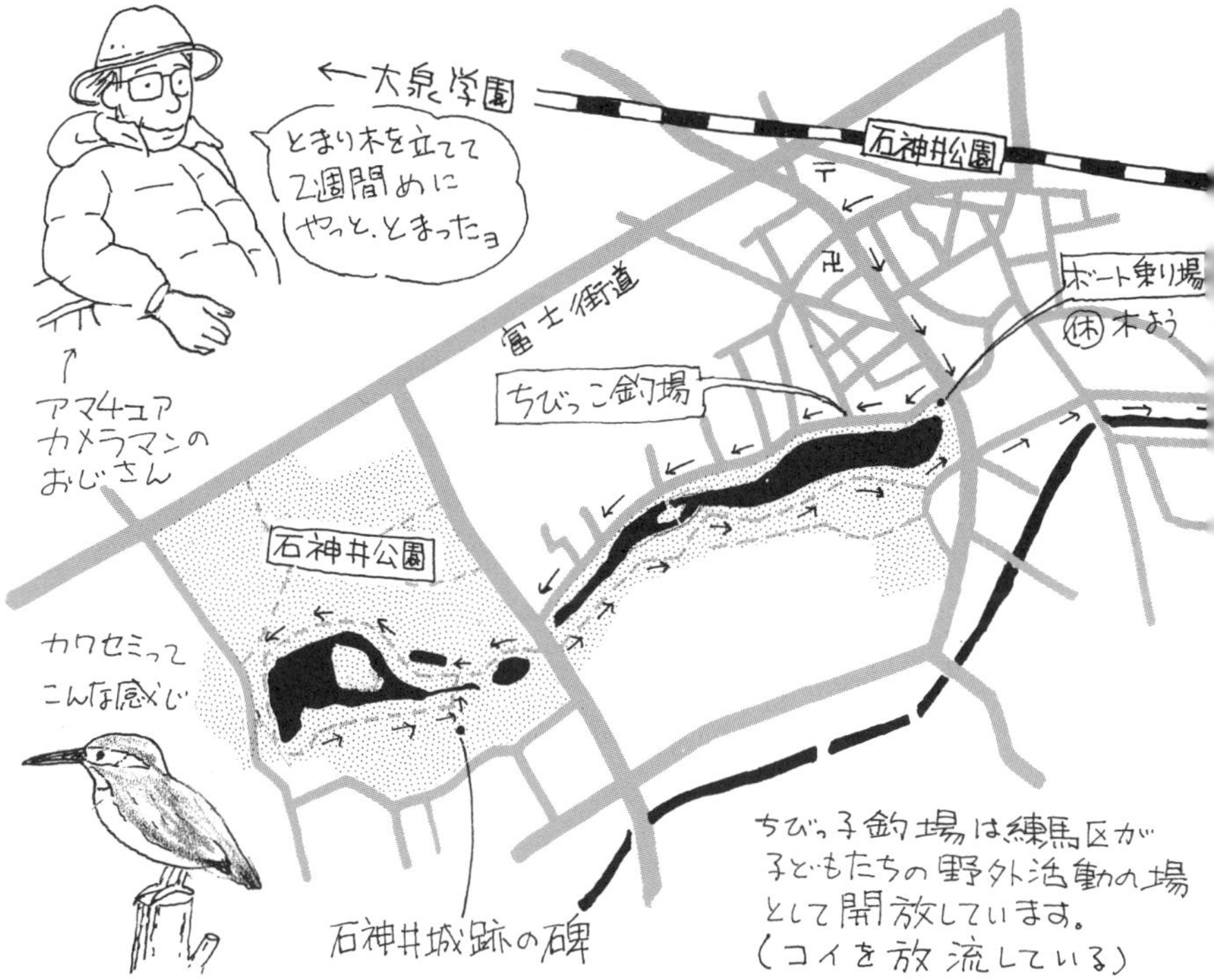

西武池袋線

保谷 ---- **大泉学園** ---- 石神井公園

大泉学園

おおいずみがくえん

大泉通りから妙福寺へ

ビル建設のクレーンが立ち並ぶ、大泉学園駅前から商店街を抜けて大泉通りへ。

通りに出たところにあるのが妙延寺《みょうえんじ》、赤い山門の奥に樹齢四百年という立派なイチョウがそびえている。通りに沿って東に進み、撮影所入り口の信号を左折すると右手にリヴィンオズのメタリックな建物、左手奥に撮影所がある。撮影所の中は見学できないが、裏の駐車場でゼロ戦が一機、冬の日差しを浴びて羽を休めているのが見えた。

手前を右手に入ればびくに公園、雑木林と湧水豊かな街のオアシスだ。

白子川を渡れば教学院は近い、本堂前庭に珍しい閻魔王《えんまおう》の人頭杖《じんとうづえ》を模した石塔があるので寄って見ていこう。石塔の穏やかな顔に似ていれば極楽行き、もう片方の顔に似ていれば地獄行き?!　左手鐘楼《しょうろう》奥に閻魔十王の石像がある。

いったん目白通りに出てから大泉学園通りへと出る。桜並木が続いているので、花の季節ならこのまま駅の近くまで歩くのがよい。そうでない時なら、学園橋から白子川沿いに妙福寺《みょうふくじ》まで足をのばそう。コンクリートで殺風景な川も、疲れてきた散歩の道連れにはいっそ気が休まる。

途中、手打ちそばを食べながらひと休み。開店してまだ一年と、店もご主人も若い。そばの香りをにがさない低速の石臼挽《いしうすび》き。

初めての街で、思いがけなく美味しいものに出会えたりするのも、散歩の楽しさの一つだ。

妙福寺《みょうふくじ》から北野神社をまわって駅に帰る。

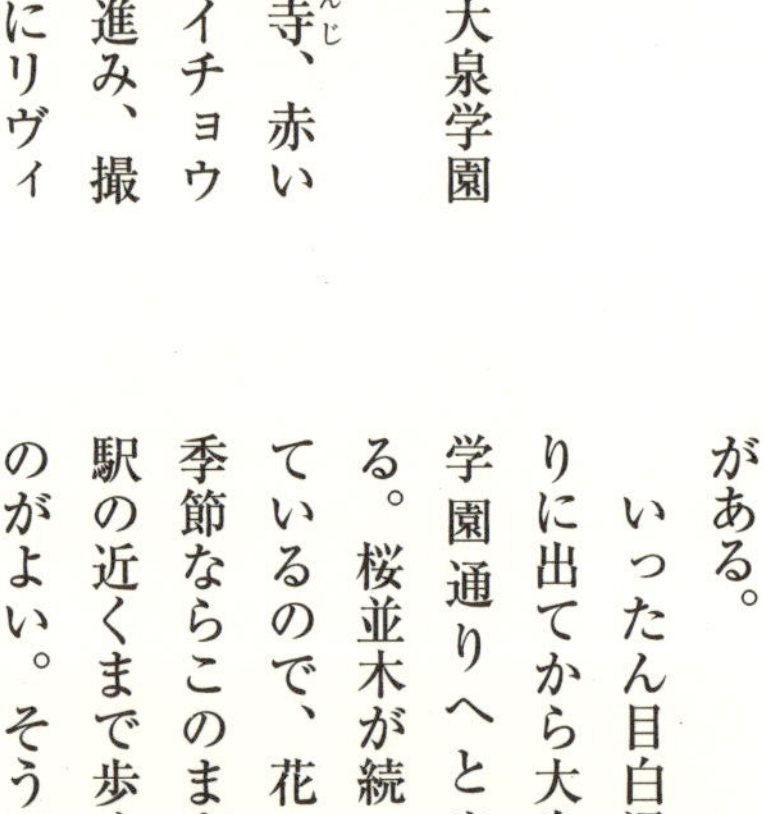

教学院の境内に安置された観音様

初めての街で思いがけないものに出会う

駅→妙延寺→びくに公園→教学院→妙福寺
【モデルコースタイム　1時間30分】

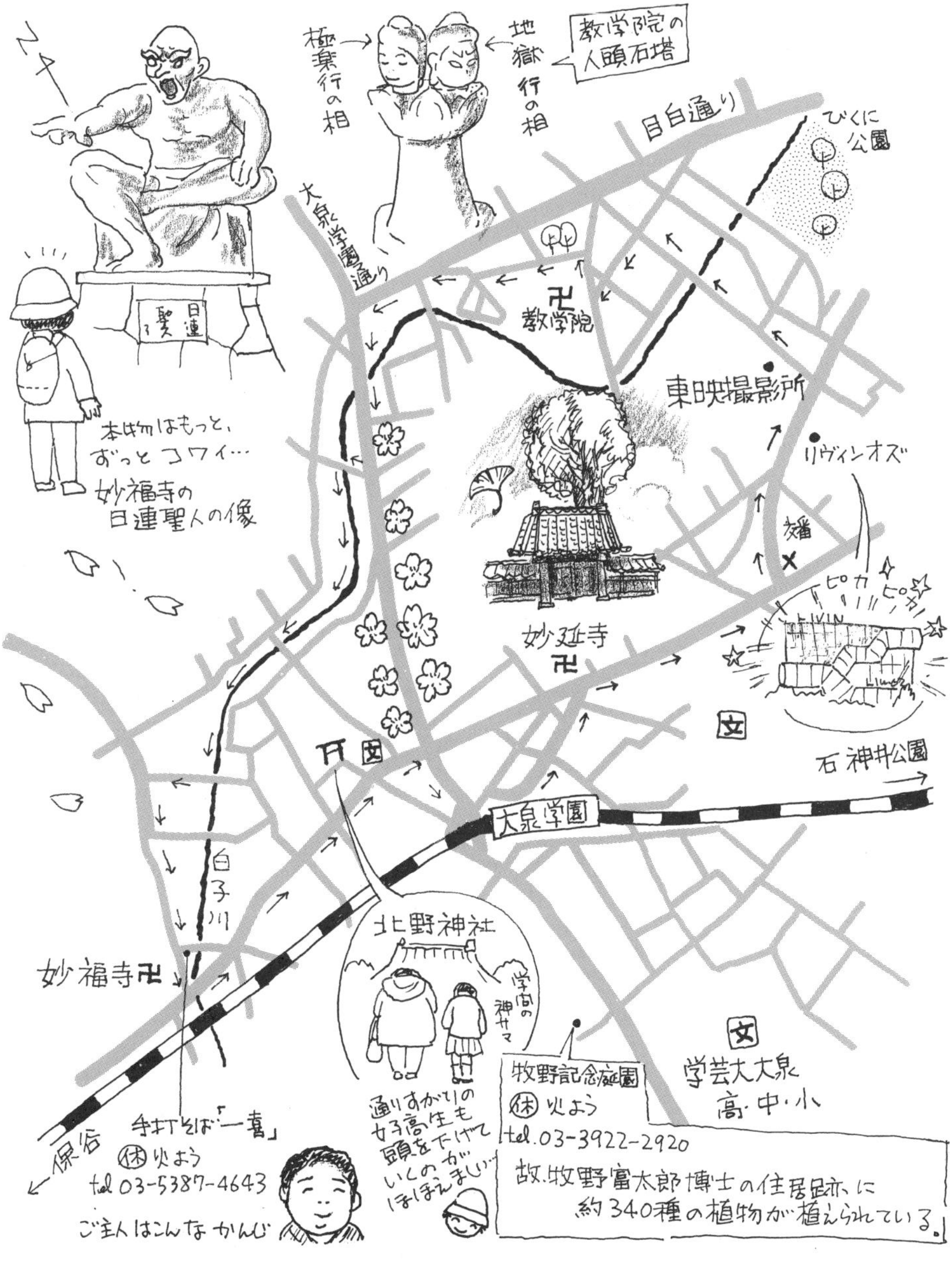

西武池袋線

ひばりヶ丘 ―――― **保谷《ほうや》** ―――― 大泉学園

福泉寺から文理台公園へ

保谷駅の北口からスタートするこのコースは、桜の季節に歩いてみたい。

高橋家の屋敷林《やしきりん》に昔の武蔵野の面影を見ながら歩いていき、福泉寺から下保谷森林公園へ。福泉寺では、境内にまつられているお稲荷さんの狐を見てみよう。だいぶ欠けてしまっているのが残念だが、なかなか優美な姿をしている。

畑が多くなってくると、前方に変電所の鉄塔が見えてくる。手前を左折すれば、北町緑地保全地域。雑木林の横を通ると別の通りに出るので、桃の木や梅の木、お地蔵様を見ながら細い道を歩いて天神社に向かう。

天神社の境内にある狛犬は見事な彫り物だが、その右手にちょこんと置かれた小さな狛犬も素朴でかわいらしい。

このあたりは街のあちこちにまだ屋敷林が残っている。

西武線の踏切を越えたところにあるのがリサイクル家具展示場。思わぬ掘り出し物に出会えるかもしれない。

そのまま進めば文理台公園。公園の小さな丘の中には下水道のポンプ室があり、ここで下水をくみ上げて傾斜をつけ、青梅街道の方に送っているそうだ。丘の上の見晴台から満開の桜を見れば疲れも吹き飛んでしまう。

帰りは筑波大付属小農場の横を通って保谷駅にもどり、駅前の賑やかな商店街でコーヒーでも飲んで帰る、ってのはいかが？

南口の狭い通りをギリギリに左折して、ロータリーに入っていくバスには拍手したくなるほど。

天神社の小さな狛犬

武蔵野の面影残る街を行く

駅→福泉寺→北町緑地保全地域→天神社→文理台公園
【モデルコースタイム　2時間】

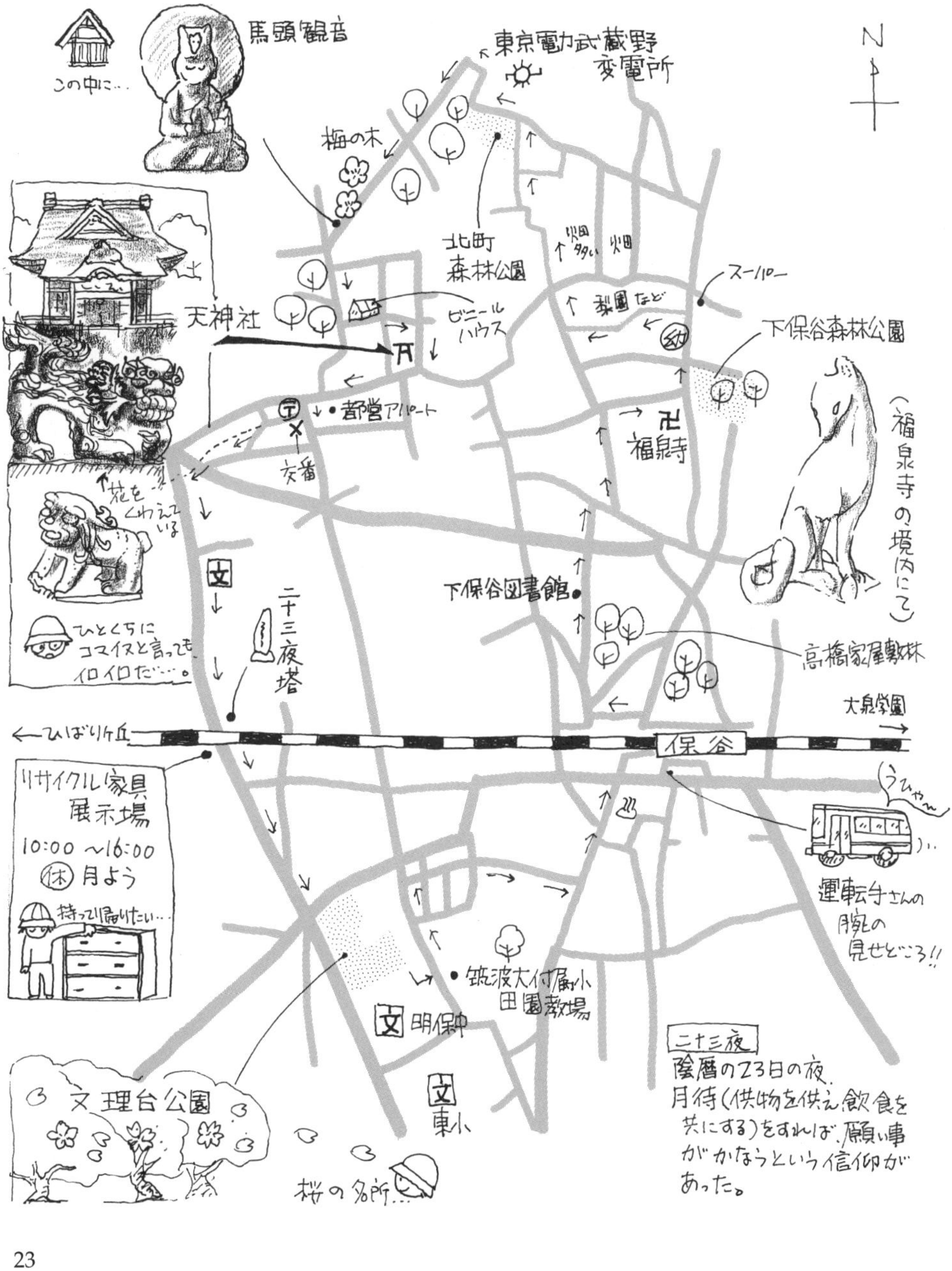

西武池袋線

東久留米 ―――― **ひばりヶ丘** ―――― 保谷

ひばりがおか

竹林公園から南沢緑地保全地域へ

その名前からしてのどかな田園風景を想像させるひばりヶ丘駅だが、この駅名は昭和三十年代のひばりヶ丘団地開発に伴う駅名変更によるもの。団地は戦前にあった中島飛行機工場の跡地の一部に作られている。

工場への引込み線の跡に作られた緑道を通って、湧水池をめぐり、落合川沿いに東久留米まで歩いてみよう。

まず南口に降り、知る人ぞ知る「たなか」でおいしいそばを食べたあと、自由学園の方向に歩く。この一角は緑が多く大きな木も残されており、歩いていても気持ちがよい。

学園の横を通り過ぎたら、送電線の下の緑道に入り、五分も歩けば竹林公園のすぐ横だ。

竹林の中のベンチでひと休みしていると、竹の葉音がサラサラと聞こえてくる。公園の中からも湧き水が豊富に流れ出しているので、水辺まで降りて川底からも水が湧いてくる様子を観察したい。

南沢緑地保全地域

次は畑の多い道を歩いて向山緑地《むこうやまりょくち》公園に向かう。住宅地の裏手にある林の斜面を降りていくと小川が流れていて、ここでもコポコポと音を立てて水が湧いていた。三か所目の南沢緑地保全地域へは、浄水場を目標にして行くとわかりやすい。

うっそうとした木に囲まれたその奥から、そして竹林の中からと、この南沢緑地保全地域の中にある計四か所の湧水の総量は一日約一万tにもなるというから驚きだ。落合川の澄んだ水の中でえさをついばむカルガモたちに言いたい。

「あんたたち、幸せ者だよホント」

竹の葉サラサラ、湧き水コポコポ

駅→竹林公園→向山緑地公園→南沢緑地保全地域
【モデルコースタイム　1時間45分】

東久留米《ひがしくるめ》

落合川から黒目川へ

東久留米の駅から落合川に沿って歩いてみよう。水草の茂る川ではカルガモが遊び、ときおり体を逆立ちさせては水草をついばんでいる。このあたりは湧水が多く流れ込んでいるので水は澄んでおり、まるで田園地帯の中を流れている川のようだ。

左手に不動明王《ふどうみょうおう》の石塔を見て、しばらく行くと黒目川との合流地点となる。ここからは黒目川を上流に向かって歩く。遊歩道にはクッションのよいゴムのようなものが敷かれていて、足に心地よい。

やがて再び西武線のガードをくぐる。右手に大円寺《だいえんじ》の山門が見えてくるので立ち寄ってみよう、境内に立派な大王松がある。大円寺からは小山台遺跡《おやまだいいせき》公園に向かって歩く。正面に見える神社の石段を上がると、右手に敷石奉納の記念碑がある。亀の背中に立つ形で面白い。神社のすぐ隣が公園だ、高台で見晴らしがよく、近くに湧き水もあったという。立ってあたりを眺めてみれば、ここに住んだ縄文人の気持ちもわかろうというもの。

道は緑地保全地域の中を通っていく。雑木林、畑、果樹園と続き、川沿いの道とは違った気持ちのよさだ。左折して坂道を下るとまた黒目川に出るので、この辺で川沿いに駅にもどろう。途中から駅前の通りに出て東久留米市役所を見学がてらひと休み。運がよければ駅のテラスから富士山が見える。

鳥の声に耳を傾けながら、川の流れに沿って歩く楽しいコース、子ども連れなら野鳥図鑑が大活躍！

落合川と黒目川の合流地点

野鳥にも出会え、緑も満喫の川沿いお散歩コース

駅→落合川→黒目川→大円寺→小山台遺跡公園
【モデルコースタイム　2時間30分】

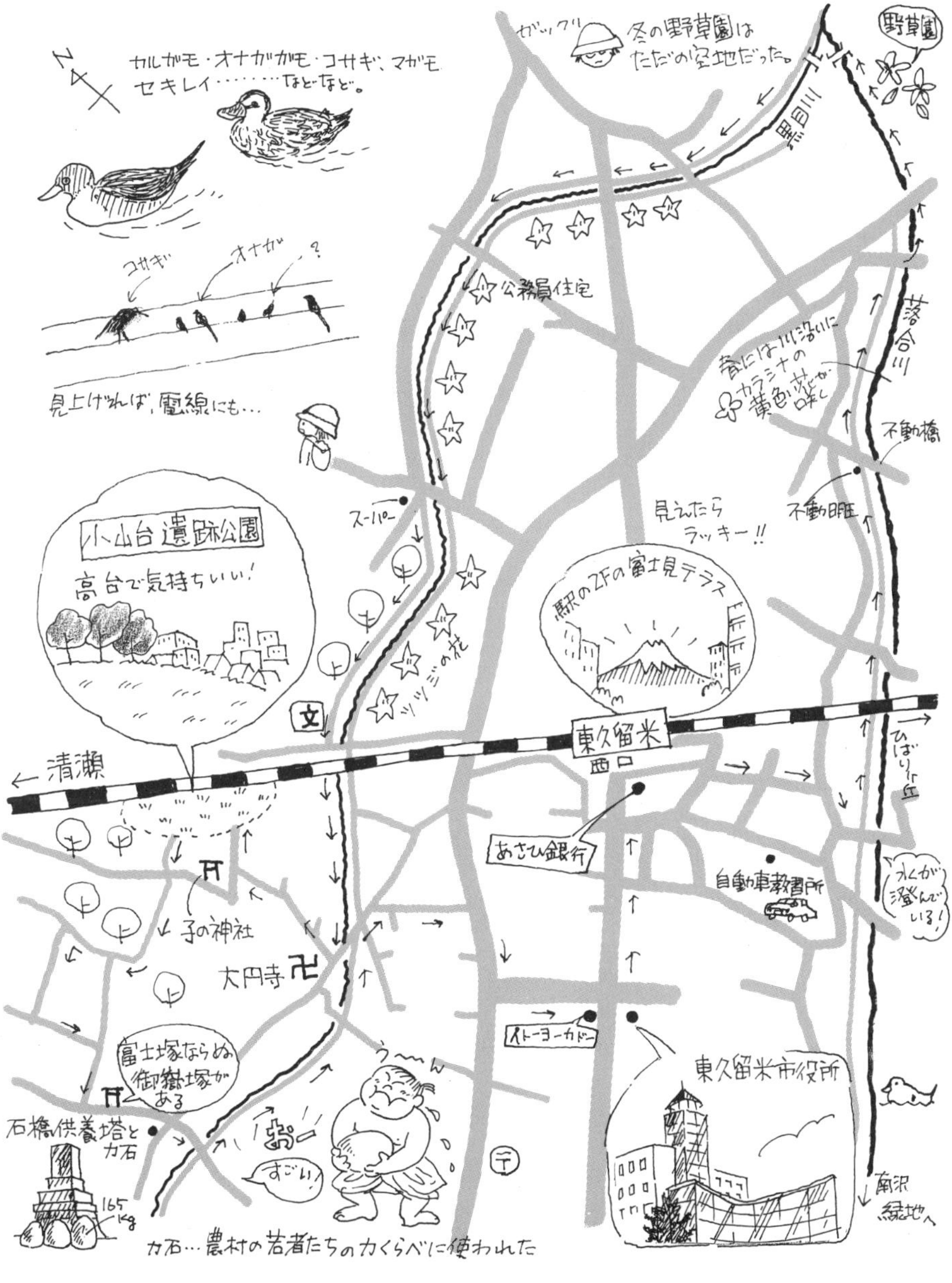

西武池袋線

秋津　**清瀬**　東久留米

きよせ

けやきロードから金山緑地公園へ

清瀬の街は緑が多くのどかで、また芸術家が多い。駅前の巨大な噴水の装置が水を吹き上げているのを見ながら、西友の前から北に進もう。

けやきロードと名付けられた通りには、両側の並木の下に次々と現代彫刻が置かれている。

もう少し空間があれば見やすいと思うが、畑と空をバックになかなかぜいたくな散歩道である。行きと帰りで両側を通り、なんだこれは?!　と、わからない彫刻は清瀬市郷土博物館（けやきロードを左手に入ってすぐ）の学芸員に聞くとまた、面白い。

郷土博物館には清瀬周辺の古い民具や、農具が展示されている。実際に古いはた織り機で裂き織りを再現するグループも活動していて、その素朴ながら繊細な美しさに驚く。

けやき通りの畑を左に入ると富士山神社がある。江戸の富士山講のなごりで、小さな人工の富士山がある。

住宅街を抜けて柳瀬川に出る。

柳瀬川金山調節池

金山緑地公園には、ウコッケイやバリケンなどが自由に歩きまわり、木陰には尾の長い堂々としたニワトリがとまっていて驚かされる。捨てられた鳥たちが立派に自活しているのだ。

対岸は所沢市である。遊歩道を調整池までまわって下田に出ると牛舎がある。戦後の頃は酪農家ももっと多かったとのこと。牛の顔を見るのもよい。

帰りは再びけやきロードに出て、駅にもどる。

水と緑とアートの街

駅→けやきロード→郷土博物館→柳瀬川→金山緑地公園
【モデルコースタイム　2時間30分】

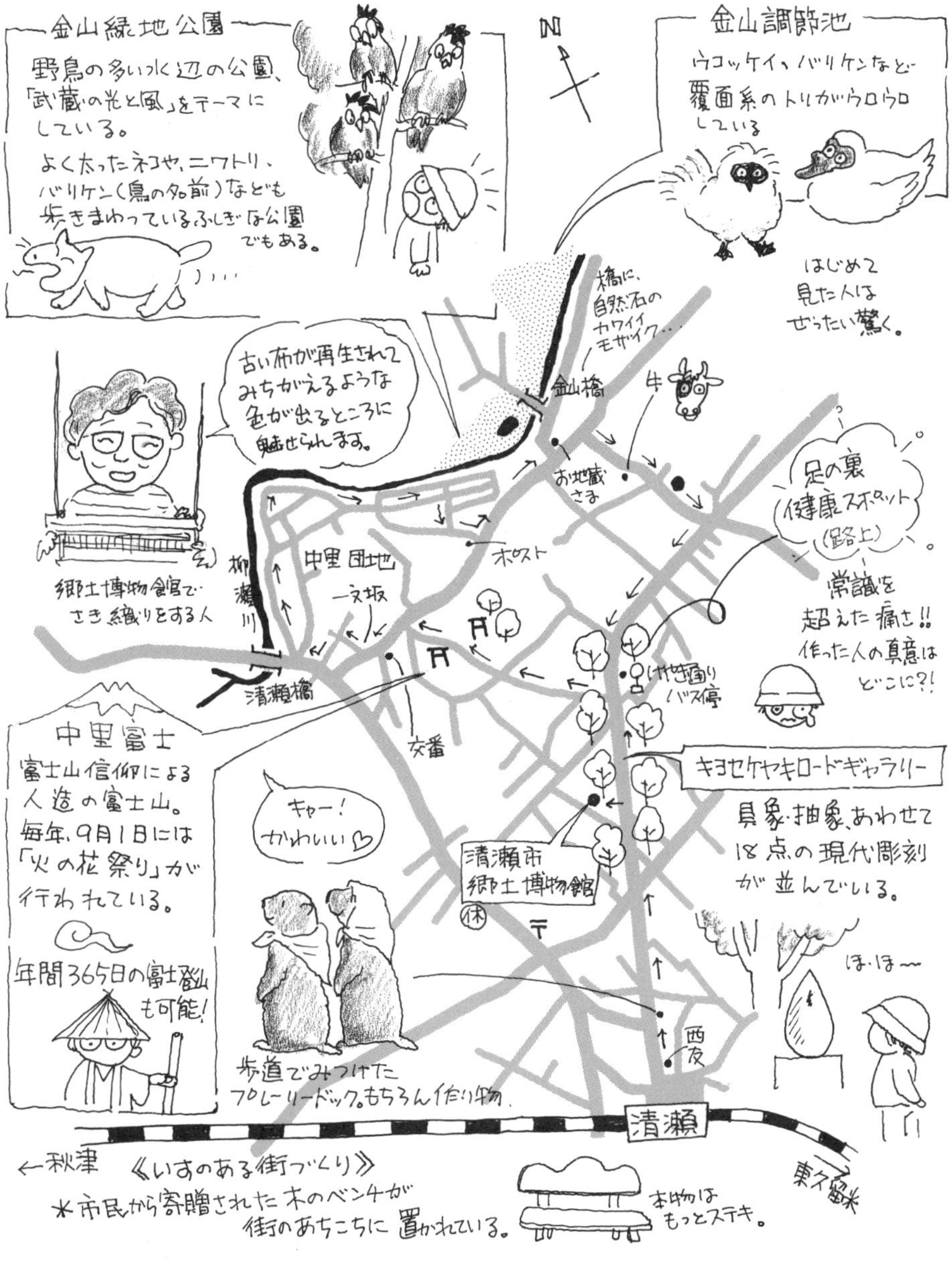

金山緑地公園
野鳥の多い水辺の公園、「武蔵の光と風」をテーマにしている。
よく太ったネコや、ニワトリ、バリケン(鳥の名前)なども歩きまわっているふしぎな公園でもある。
N
金山調節池
ウコッケイ、バリケンなど覆面系のトリがウロウロしている
はじめて見た人はぜったい驚く。
橋に、自然石のカワイイモザイク…
金山橋
牛
古い布が再生されてみちがえるような色が出るところに魅せられます。
郷土博物館でさき織りをする人
お地蔵さま
足の裏健康スポット(路上)
常識を超えた痛さ!! 作った人の真意はどこに?!
ポスト
中里団地
一文坂
柳瀬川
清瀬橋
交番
けやき通りバス停
中里富士
富士山信仰による人造の富士山。毎年、9月1日には「火の花祭り」が行われている。
年間365日の富士登山も可能!
キヨセケヤキロードギャラリー
具象・抽象、あわせて18点の現代彫刻が並んでいる。
清瀬市郷土博物館
休
キャー! かわいい♡
ほ・ほ〜
西友
歩道でみつけたプレーリードック。もちろん作り物。
清瀬
←秋津
東久留米
《いすのある街づくり》
＊市民から寄贈された木のベンチが街のあちこちに置かれている。
本物はもっとステキ。

所沢　秋津　清瀬

秋津

あきつ

安松神社から空堀川へ

秋津駅の北口から、約一㎞ほどの長源寺《ちょうげんじ》に向かう。道端のお地蔵様にあいさつをして道標に沿って歩いていくと左手に茶畑があり、その先にこんもりとした丘が見える。

茶畑の間を通って丘の上の安松神社に上がってみると、はっぱの落ちた明るい境内の一角に小さいながら富士塚らしきものが残っていた（元々は古墳だったらしいが、大正六年の富士登山記念碑がそばに建っている）。

すぐ隣が長源寺。山門は彫り物がすばらしい。寺の裏手、高台になった墓地からは多摩、秩父の山々が青く連なって見えている。

一昔前まではこのあたりで竹細工（ざる、熊手、しょいかごなど）が作られ、「安松ざる」として知られていたが、残念ながら現在竹細工を作っている家はないそうだ。

駅方向にもどって、こんどはケヤキの大木に囲まれた秋津神社へ。本殿はガラス張りの覆屋《おおいや》の中だが、細部にいたるまで見事な彫り物がほどこされているので外からでもじっくりと見学したい。

歴史散歩はここまで。こんどは新秋津駅の前を横切り、畑の多い道を歩く。

志木街道に出たら道を横切り、しばらく行くと、空堀川に出るので、ここから遊歩道に入ろう。川の水量は少ないが、空が広くて気持ちよい散歩道が続いている。

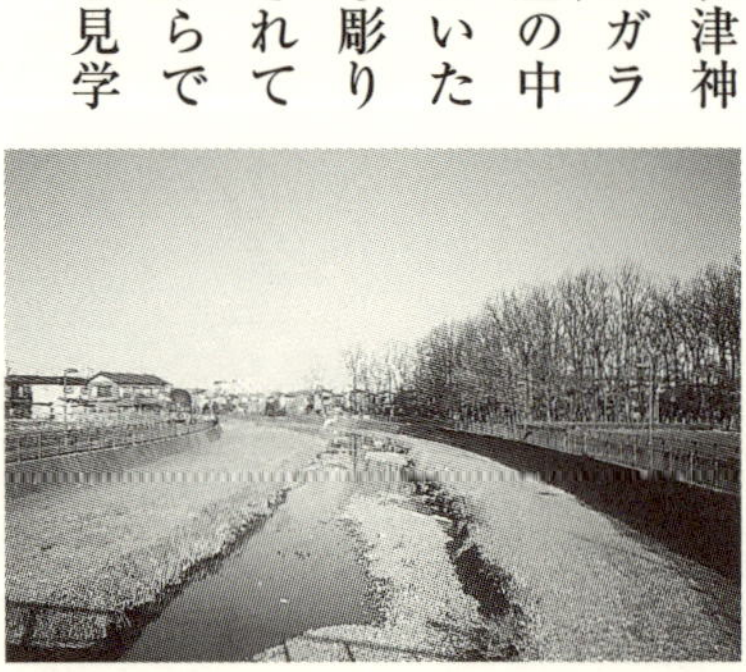

空掘川

秋津駅にもどったら、商店街ものぞいてみたい。通勤客が多いので安くておいしいお惣《そう》菜《ざい》が並んでいる。

街あり、川あり、歴史あり。変化に富んだ短い散歩コース。

広い空が気持ちいい

駅→安松神社→長源寺→秋津神社→空堀川
【モデルコースタイム　1時間40分】

西所沢・所沢

にしところざわ・ところざわ

永源寺から神明社へ

西所沢駅を出たら、踏切を渡り反対側に出る。下り坂の途中で左手に細い坂を入ると、うっそうとしたケヤキの屋敷林を抜け、元製茶工場の前に出た。小さな流れをはさんで南斜面には茶畑が広がり、緑がいっぱいの散歩道。

釣堀を過ぎると、小さな弁天池をかたわらに、永源寺《えいげんじ》に着く。黒瓦の大屋根と背後の緑が眩しい。鎌倉末期建立で、春には境内に雪《ゆき》割草《わりそう》も咲く。

寺を出たら、突き当たりを左、そのまま直進して、十人信号を右へ渡り、柳瀬川沿いの涼しい木陰を歩く。土蔵に突き当たると信号左すぐに所沢郷土美術館がある。

川越藩主の御殿医《ごてんい》だった平塚氏の屋敷を解放して、地元作家の作品を展示している。古色にじむ木の上がり框《かまち》が立派で、長屋門では陶芸教室も開かれている。

先ほどの信号にもどり右に行くと、手打うどんの「あづまや」がある。気取らない雰囲気でひと休み。

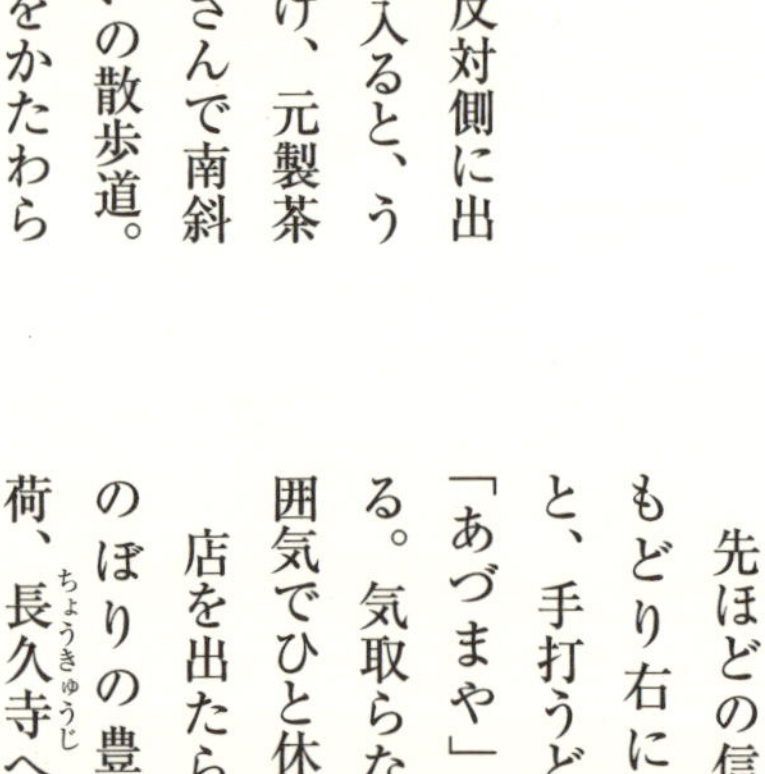
蔵のある街

店を出たら赤いのぼりの豊川稲荷、長久寺《ちょうきゅうじ》へ向かう。鎌倉時代の北条時宗《ほうじょうときむね》の寺である。墓地の横から、旧鎌倉街道を北上し、踏切を渡って線路沿いに左手へ行くと、実蔵院《じつぞういん》の西側に出る。参道では戦前の三八市の名残、植木市が三と八の日に開かれている。季節柄、サツマイモの苗を売っていたのが所沢らしい。

元町信号を渡り、少し行くと所沢の鎮守社、神明社《しんめいしゃ》である。薬王寺を背に銀座通りへ出ると、往時をしのばせる大店《おおだな》と、高層マンションが混在していて面白い。ファルマン通りの賑わいの中を所沢駅へとたどろう。

開発の中に往時の名残をなつかしむ散歩道

西所沢駅→永源寺→所沢郷土美術館→長久寺→神明社
【モデルコースタイム　2時間20分】

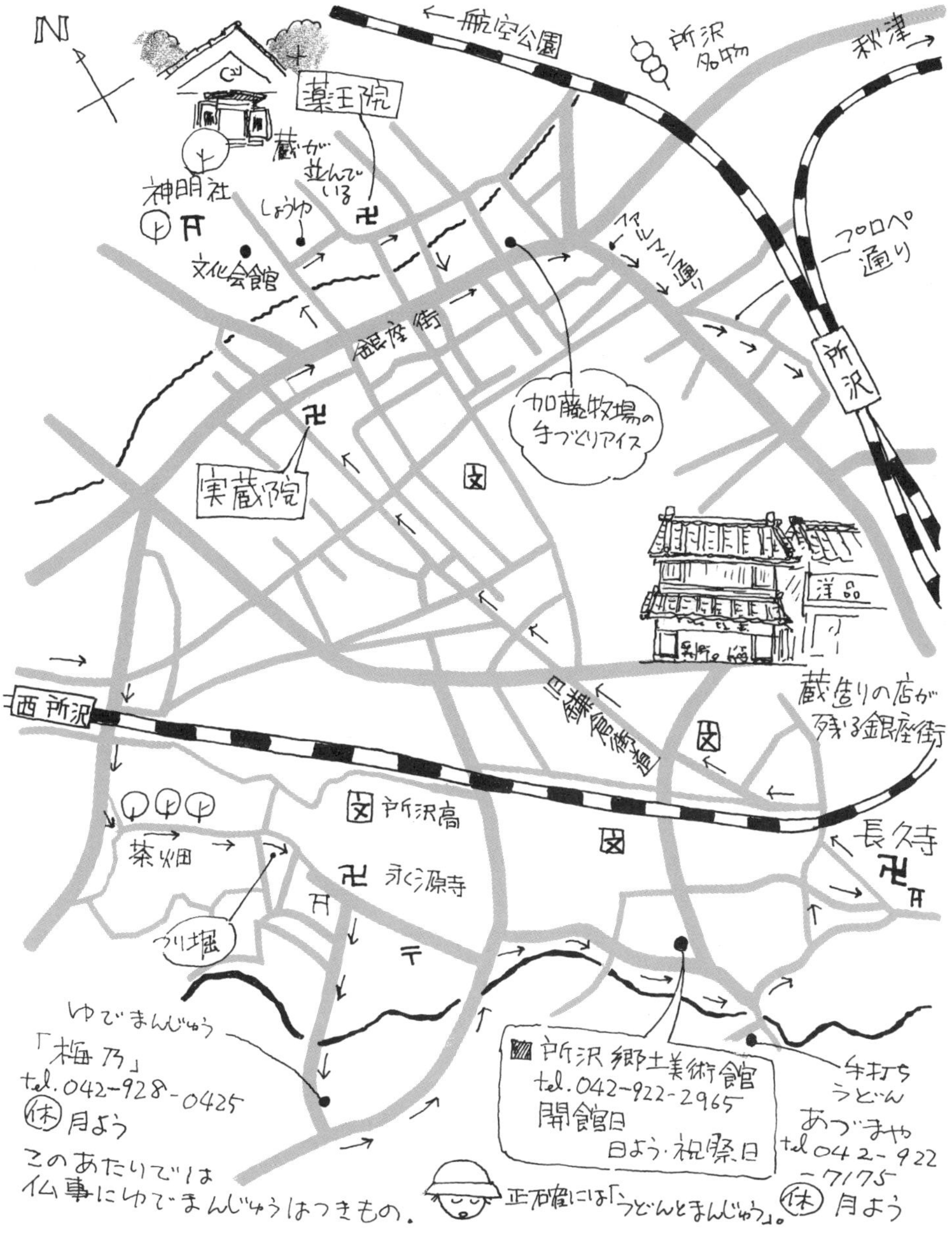

西武池袋線

狭山ヶ丘 ―――― **小手指** ―――― 西所沢

こてさし

茶畑に囲まれて小手指古戦場へ

駅前はずらりとマンションが立ち並び宅地化が進んでいるが、奥にはまだ静かな台地が広がっている。線路に沿って右に進み、操車場《そうしゃじょう》の横から遊水池の真ん中を行く。春の空にはひばりがあがり、草むらには雉《きじ》がいた。T字路に小さい石橋供養塔、所沢西高校に沿って歩いていく。道の両側には茶畑が多く、ところどころに桑畑も目につく。左折して国道にぶつかったら右へ。信号を渡って少しもどると誓詞ヶ橋《せいしがばし》。

右手に道を入って埋蔵文化財調査センターへ行く。所沢市各地の宅地化に伴い、発掘された遺跡の調査や土器の復元、資料収蔵の拠点となっている。復元作業を見学しながら、古代人の指跡をそっとたどってみたい。

文化財センターを出て右へ行くと、小手指古戦場の碑がある。一三三三年、新田義貞《にったよしさだ》は鎌倉の北条高時《ほうじょうたかとき》を攻めるために群馬県新田郡から南下してきたが、迎え撃つために鎌倉街道を北上してきた北条方とここで激しい戦《いくさ》になった。茶畑の奥に見える小さな塚が新田勢が源氏の白旗を掲げたという白旗塚だ。

白旗塚

先ほどの道にもどり、まっすぐに進んで橋を渡り、突き当たりを左に行くと北野天神の西門に出る。春は農家の庭先に桃の花が咲き、美しさに思わず足を止める。北野天神は、日本武尊《やまとたけるのみこと》が東征した折の創建とも伝えられる古い神社で、静かな境内に由緒ある銘木が並んでいる。

駅にもどるもよし、もっと歩きたければ、指導標をたよりに狭山湖へ。

春霞の茶畑を歩く

駅→所沢西高校→埋蔵文化財センター→北野天神
【モデルコースタイム　2時間】

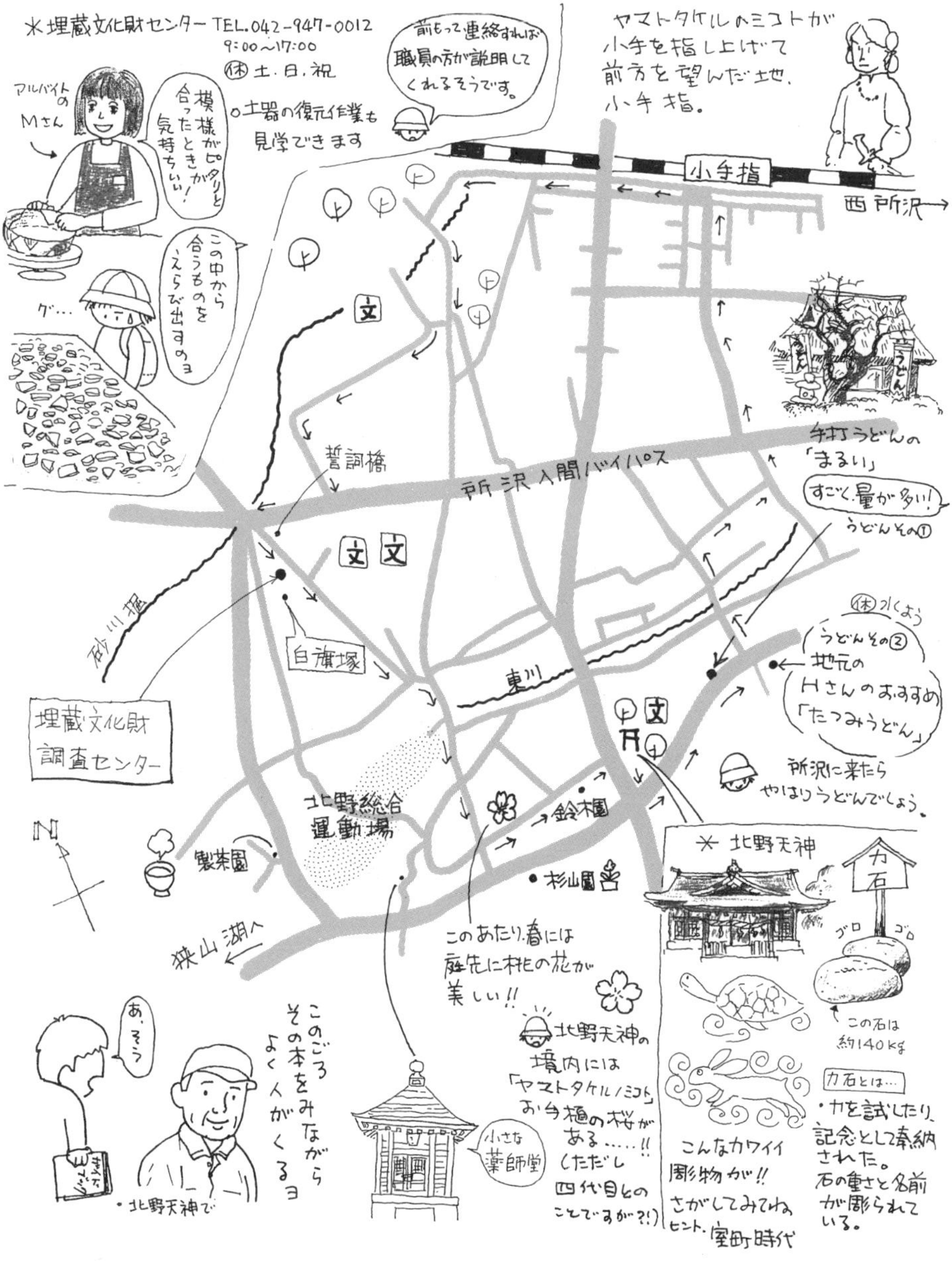

※埋蔵文化財センター TEL.042-947-0012
9:00〜17:00
㊡土.日.祝
アルバイトのMさん
模様がピタリと合ったときが気持ちいい!
○土器の復元作業も見学できます
前もって連絡すれば職員の方が説明してくれるそうです。
この中から合うものをえらび出すのヨ
グ…
ヤマトタケルのミコトが小手を指し上げて前方を望んだ地、小手指。
小手指
西所沢→
手打うどんの「まるい」
すごく量が多い!
うどんその①
㊡水よう
うどんその②
地元のHさんのおすすめ「たつみうどん」
所沢に来たらやはりうどんでしょう。
所沢入間バイパス
誓詞橋
砂川堀
白旗塚
東川
埋蔵文化財調査センター
北野総合運動場
製茶園
鈴楓園
杉山園
狭山湖へ
このあたり、春には庭先に桃の花が美しい!!
※北野天神
力石
ゴロ ゴロ
この石は約140kg
北野天神の境内には「ヤマトタケルノミコトお手植の桜」がある……!!(ただし四代目とのことですが?!)
こんなカワイイ彫物が!! さがしてみてね。ヒント.室町時代
力石とは…
・力を試したり、記念として奉納された。石の重さと名前が彫られている。
あ、そう
このごろその本をみながらよく人がくるヨ
・北野天神で
小さな薬師堂

武蔵藤沢 ----

狭山ヶ丘《さやまがおか》

---- 小手指

狭山ヶ丘海岸通りから比良の丘へ

狭山ヶ丘駅西口に出て、ビルの間をまっすぐ。キンキラ瓦のビルを右に見て左の道を入る。昼食用にサンドイッチでも仕込み、商店街を南下。

途中、狭山ヶ丘海岸通りの看板に海なし県の悲哀を感じる。左に遊歩道を入り、和ヶ原一丁目の交差点からコンビニの脇を入ると茶畑が多くなり、遠くにかまぼこ形の公民館の建物が見えてくる。

三ヶ島公民館には三ヶ島葭子《みかじまよしこ》資料室がある。

葭子は明治十七年に生まれ、四十代で亡くなるまで病弱と貧困の中、作歌に精進した。二十代、たわらのあだ名そのままのころころした顔が、憂いと諦めの表情にかわり痛々しい。できた歌は写生風の美しい歌が多い。

春の雨けぶる欅の梢より　をりをり露のかがやきて落つ

しばらく歩いて国道を渡ると中氷川神社があり、前述の三ヶ島葭子の歌碑がある。ここからは本殿奥の道をシダレザクラで有名な金仙寺《こんせんじ》に向かっていく。

比良の丘

寺に入る手前に、小さな萱《かや》ぶき屋根の休憩所があるのでひと休みしていこう。

寺を出たら比良《ひら》の丘へ登る。はればれとした気持よいところで、市内、そして狭山丘陵も見わたせる。特に芽吹きの頃はすばらしい。

ブドウ畑のあたりから湿原にも入れるが、むやみに歩いて立ち入り禁止区域にまで入らないこと。

帰りは早稲田大学のバス停から小手指行きのバスがある。

狭山丘陵を見わたす

駅→三ヶ島公民館→中氷川神社→金仙寺→比良の丘
【モデルコースタイム　2時間】

金仙寺のしだれ桜
樹齢130年
桜の花が
滝のように
ふりそそいでくる
茅ぶきの
休憩所
武蔵藤沢
狭山ヶ丘
小手指
N
和ヶ原一丁目
交差点
所沢・入間バイパス
茶畑が
多い
加藤
倉庫
三ヶ島
公民館
三ヶ島葭子
資料室
中氷川
神社
堀之内
バス停
バス停
比良の丘
ベンチのある
ところまで
行ってみよう
金仙寺
早稲田大学
三ヶ島湿地
三ヶ島葭子の
弟、名優の
「左卜全」を
ご存知か？
黒澤明監督の
「七人の侍」を思い出す。

西武池袋線

稲荷山公園 ― ― ― **武蔵藤沢** ― ― ― 狭山ヶ丘

むさしふじさわ

武蔵野夢現麦酒パブとララミーハム

小さな散歩を一つ。八月の末あたり、道路も屋根も畑も人もみーんな熱くなって、ボーッとしている昼下がりに、一杯のビールを求めて電車に乗るというのはいかが？　できれば冷房の効いていない電車で窓を開けて乗るというのが理想的だが、いまどきは無理な話。

武蔵藤沢駅から直接歩けば二〇分。酒と食品の並ぶ橋本屋の店内にある武蔵野夢現麦酒パブを目指していく。

多少遠回りをして行くぐらいの余裕がほしいが、方角を見失わないように。

パブで飲めるビールは三種類、中でも原料に小麦麦芽と柑橘系《かんきつけい》の香りのするホップを使ったウィートエールがおすすめ（ほかにレッドエールとピルスナーがある）。

カウンター越しに貯蔵タンクを眺めながら飲むビールの味は格別。

《つまみは店内で選んで買ってきてください》というのも面白い。

お店の人の話では、スポーツの後に寄って、気軽に飲んでいくお客さんが多いという。

武蔵野夢幻ブルワリーのパブ

一時間千円の飲み放題コースもあるので、三タイプ味見するもよし。

帰りにララミーハムに寄って自家製のハムを買って帰ればこれがまた美味！　夏の午後の散歩はこうでなくちゃ。え？　それってビール飲みに行っただけ？　まあ、そうともいう。

散歩としては少々物足りないので、元加治あたりの平地コースと組み合わせるといいかもしれません。

お帰りは足元に気をつけて！

一杯のビールを求めて電車に乗る

駅→武蔵野夢現麦酒パブ→ララミーハム
【モデルコースタイム　45分】

成人向コース
N
稲荷山公園
武蔵藤沢
交番
不老川
藤沢北小
ジャパンホーム
コンビニ
橋本屋
モダンパスタ
安川通り
ララミーハム
休 月よう
tel.042
-963-6750
10:00
～
19:00
メンチカツがおすすめ！
藤沢小
熊野神社
熊野神社の大杉
藤沢公民館
狭山ケ丘高校
ただし、店内のおつまみは大袋が多いので買いすぎないよーに。
武蔵野夢現ブルワリー
（橋本屋店内）
tel.042-966-1755
パブの営業は土・日・祝日のみ
13:00～20:00
（ラストオーダーは19:30）
このへんには地ビールを飲めるところが無いのでぜひ来てほしいです。
パブのMさん
お気をつけて！

西武池袋線

入間市　稲荷山公園《いなりやまこうえん》　武蔵藤沢

狭山博物館から入間川河原へ

「本当にあるのかね、メタセコイア……」

「あるんじゃないの？　ビデオでもそう言ってたし」

メタセコイアといっても、その辺の公園に植えられているメタセコイアとはわけが違う。なんと、二百万年前の化石。昭和四十九年に入間川で発見されたメタセコイアの埋没林を探そうとしているのだ。

駅前にある狭山市立博物館のビデオによれば、埋没林は笹井堰の近くにあるらしい。テレビの中のお姉さんが河原に顔を出したメタセコイアの根株を指差して、ニッコリと笑った。二百万年ですぞ！　にひゃくまんねん！　これを見に行かないで何を見に行くと言うのか？

しかし、やっとたどり着いた笹井堰のあたりは夏草が生い茂り、どこをどう探せばいいのか見当もつかない。しばらくあちこち探してみたものの、それらしき物は見当たらない。

残念だけど今日のところはあきらめよう。足元の川底から半分顔を出している木片を掘り出して同行のTさんに渡した。「はい、犬のお土産だよ」

翌日、ビデオの真偽を確かめるべく博物館に電話した。「すべて本物です。あなたが掘り出した木片も、土の色や場所からするとたぶんそうでしょう」

うーん、あの木片は今頃……。

N
広い芝生に松の緑が美しい。
桜の名所でもある
このコースを歩くには…
タオル
短パン
…が必要です。
山公園
稲荷山公園
山市立博物館
月よう
.042-955-3804

迷走入間川——100万年前を探して

駅→狭山博物館→笹井ダム
【モデルコースタイム　1時間10分】

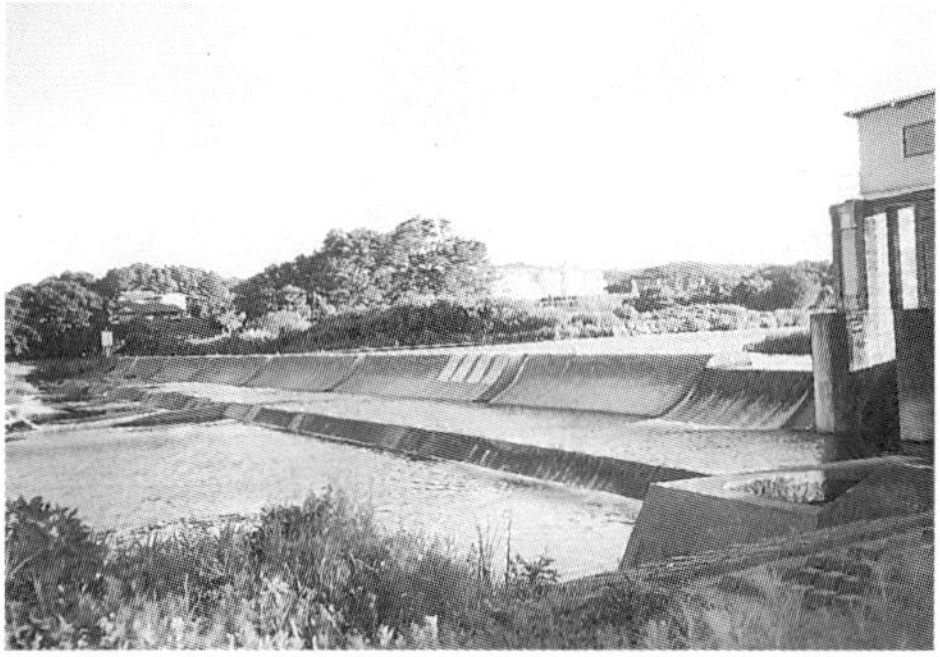

笹井堰

笹井堰には入間市駅からも歩いて行けますが、ここはやはり、やみくもに歩き出し、靴を脱いで川を渡るなど苦労の末にたどり着くのがよいかと思います。帰りのバスは驚くほど本数が少ないので、もうひとハプニング起こること間違いありません。

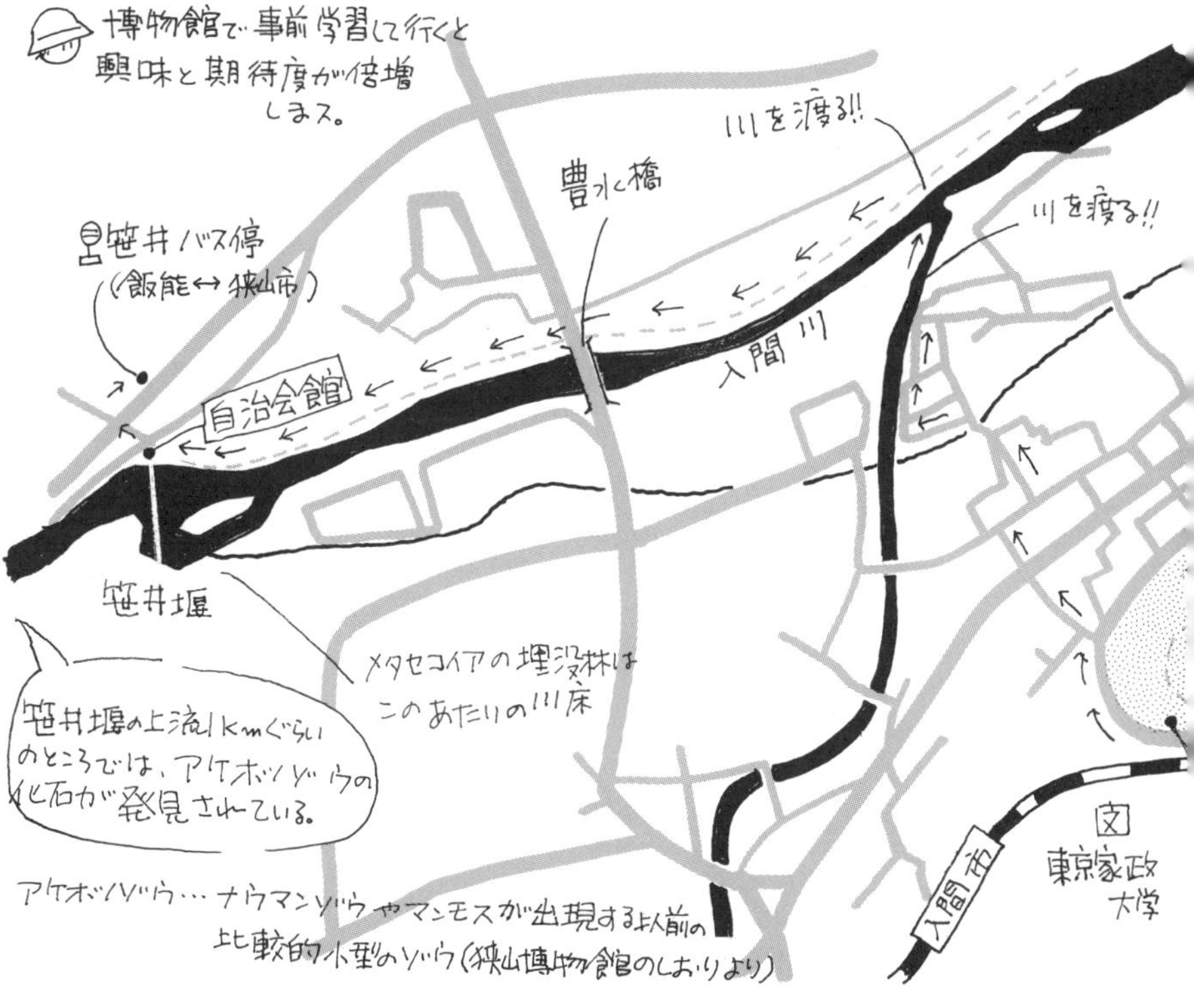
博物館で事前学習して行くと
興味と期待度が倍増
します。
笹井バス停
(飯能↔狭山市)
自治会館
豊水橋
川を渡る!!
川を渡る!!
入間川
笹井堰
メタセコイアの埋没林は
このあたりの川床
笹井堰の上流1kmぐらい
のところでは、アケボノゾウの
化石が発見されている。
入間市
東京家政
大学
アケボノゾウ…ナウマンゾウやマンモスが出現する以前の
比較的小型のゾウ(狭山博物館のしおりより)

西武池袋線

仏子 ―― **入間市** ―― 稲荷山公園

いるまし

赤いとんがり屋根の入間宮寺教会

今日は最初から歩いていくのをあきらめ、入間市駅からバスに乗る。同行のTさんおすすめの入間宮寺《いるまみやでら》教会を見学して、帰りにお茶の博物館（入間市博物館・アリット）をまわる予定。

宮寺教会は明治四十三年に建てられた、埼玉県で初のカトリック教会。内部は畳敷きで現在も日曜日の朝にはミサが行われているという。

バスを降りると、それはあっけないくらい簡単に目の前にあった。

赤い小さなとんがり屋根、ところどころはがれ落ちた漆喰《しっくい》の壁。明治時代の村の分校といったところ。あいにく教会は閉まっていて中に入ることができなかったが、窓のすき間から畳張りの室内がわずかに見えた。

素朴な木製のドアは年月を経て木目が浮き上がり、取っ手のレリーフ模様も磨滅《まめつ》している。このドアを開いて始まる日曜の朝の様子が目に浮かぶようだ。

宮寺教会

「残念だけど閉まっていては仕方ないか」

帰ろうとしてふとドアの鍵の穴に気付いた。かがんでのぞいてみると正面の壁のイエスさまがちょうど目に入る。

それは十字架につけられた若いイエスさまで、色白で優しい顔をしていた。古い教会がよく似合っている。

でも、どこかでいつか、見たような……。

家へ帰ってはたと思い出した。

そうだ、あの雰囲気は大正時代の童話雑誌『赤い鳥』だ。

Tさんに話したらなんと言うだろうか。

色白におわします「鍵穴のイエス」

駅→入間宮寺教会
【モデルコースタイム　10分】

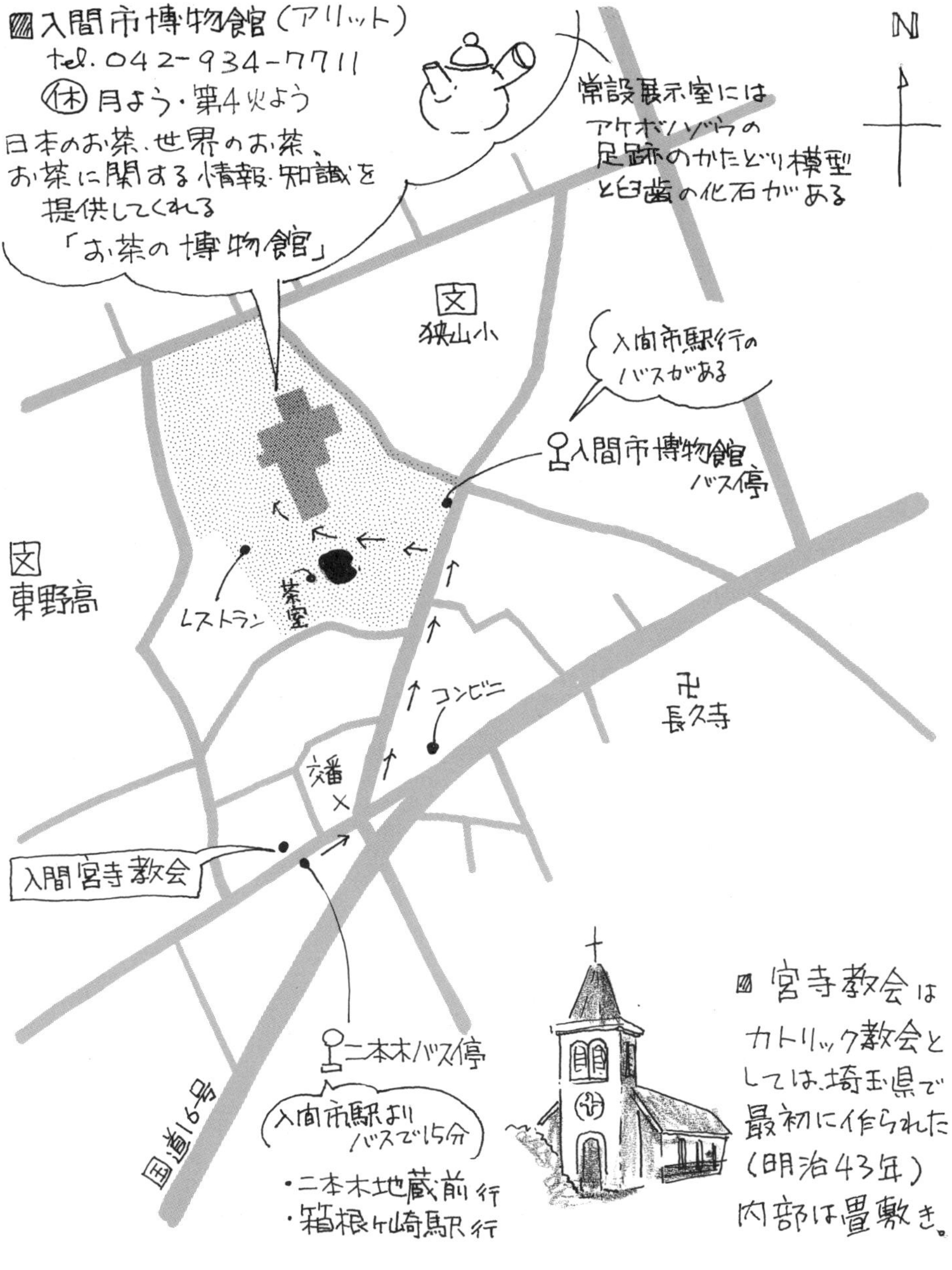

▨入間市博物館（アリット）
tel. 042-934-7711
㊡月よう・第4火よう
日本のお茶、世界のお茶、お茶に関する情報・知識を提供してくれる「お茶の博物館」
常設展示室にはアケボノゾウの足跡のかたどり模型と臼歯の化石がある
N
文
狭山小
入間市駅行のバスがある
入間市博物館バス停
文
東野高
レストラン
茶室
コンビニ
卍
長久寺
交番
入間宮寺教会
国道16号
二本木バス停
入間市駅よりバスで15分
・二本木地蔵前行
・箱根ケ崎駅行
▨宮寺教会はカトリック教会としては埼玉県で最初に作られた（明治43年）内部は畳敷き。

西武池袋線

元加治 ― 仏子 ― 入間市

仏子
ぶし

旧武蔵ハイキングコースを歩く

電車を降りてまず目につくのが、森の中にたたずむお城、入間グリーンロッジ。お城といっても天守閣《てんしゅかく》があるような日本の城ではない。カボチャの馬車が待っているようなそんなお城。

「とりあえず行ってみようか……」

駅からお城までは十分程度。おそるおそる中をのぞくと、中はいたって普通。フロントの男性がここは国民宿舎であることを教えてくれた。その上、迷い込んできた二人が行き倒れにならぬよう、手作りのハイキングマップを手渡してくれ、「お気をつけて」。

本日はこれを頼りに旧武蔵ハイキングコースを歩くことに決定！

目につくような案内板はないが、道路に残された文字の跡を目印に歩き出す。道の両側はスギやヒノキの常緑樹で展望はないものの、全コース舗装されているので歩きやすい。

アップダウンを繰り返して七〇分ほどで桜山展望台に着いた。地上二〇m、鉄筋コンクリートの立派な展望台。

旧サイクリングコース

昇ってみると、目の前に広々とした茶畑と、その奥に狭山丘陵が横たわっているのが見える。夏ならば屋根の下を吹き抜ける風が涼しそうだ。

緑の丘に唐突ともいえる大展望台をあとにしたら、再びサイクリングコースにもどる。コース後半、赤松が目立つなだらかな道には、マラソンをする人やリハビリ訓練中らしき人と何度もすれ違った。

ひとまわり約二時間、仏子で駅前森林浴！

風も涼しい駅前森林浴

駅→旧武蔵ハイキングコース
【モデルコースタイム　2時間】

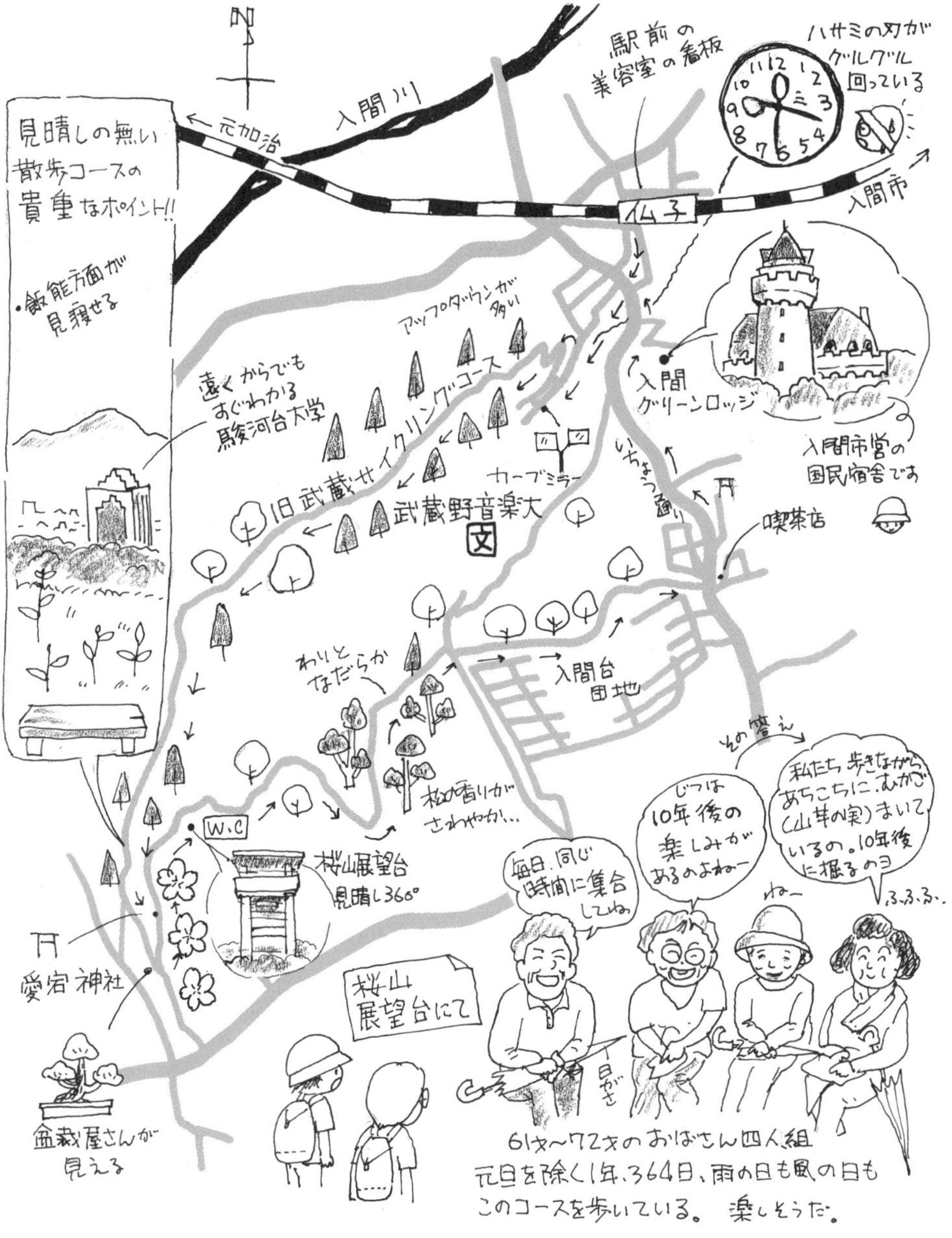
入間川
← 元加治
入間市
仏子
駅前の美容室の看板
ハサミの刃がグルグル回っている
見晴しの無い散歩コースの貴重なポイント!!
・飯能方面が見渡せる
遠くからでもすぐわかる駿河台大学
アップダウンが多い
旧武蔵サイクリングコース
カーブミラー
武蔵野音楽大
文
入間グリーンロッジ
入間市営の国民宿舎です
いちょう通り
喫茶店
わりとなだらか
入間台団地
松の香りがさわやか…
W.C
桜山展望台
見晴し360°
愛宕神社
盆栽屋さんが見える
桜山展望台にて
毎日、同じ時間に集合してね。
じつは10年後の楽しみがあるのよねー
ねー
その答え
私たち歩きながらあちこちに、むかご(山芋の実)まいているの。10年後に掘るのヨ
ふふふ。
日がさ
61才~72才のおばさん四人組
元旦を除く1年、364日、雨の日も風の日もこのコースを歩いている。楽しそうだ。

西武池袋線

飯能 ━ ━ ━ **元加治**《もとかじ》 ━ ━ ━ 仏子

円照寺からあけぼの子どもの森公園へ

駅前の円照寺《えんしょうじ》を見学してから歩き出す。入間川にかかる上橋のたもとには入間の大ケヤキがそびえているので近くに寄ってその太さを実感してみよう。

橋を渡って河川敷に降り、しばらく歩くと阿須《あず》運動公園だ。

今日は天気がよいせいか、古代広場の小さな水路は子どもと若いお母さんで賑わっている。うーむ、私たちのように落ち着いた世代になると、この雰囲気はいかがなものか…。しかし、あのメタコセイヤの木陰でひと休みしていきたい……と、一歩足を踏み入れるとこれが楽しい。いえ、水遊びなんてどうでもいいんです。私たち大人ですから。

楽しいのはこの小さな公園のあちこちに置かれたオブジェ。中でもアンモナイトの形をした水道がかわいい。

ムーミン屋敷

「この公園を設計した人」「え?」「楽しかったろうなぁー」

ステゴザウルスの背中(?)に干されたパンツを見ながらあけぼの子どもの森公園に向かう。公園管理事務所では子どもたちのための自然教室や造形教室、人形劇などを休日ごとに開いているが、今日は平日なので人もまばら。ムーミン屋敷、子ども劇場、森の家、と呼ばれる建物を見てまわると、その形と雰囲気から、まるで童話の世界に迷い込んだよう。大人が行っても充分に楽しめる。いっそ平日がおすすめだ。

帰りは阿岩橋を渡って住宅地の中を歩いて帰ろう。土蔵の白壁が目につくようになれば駅はすぐそこだ。

歩いて楽しいファンタジーワールド

駅→円照寺→阿須運動公園→あけぼの子どもの森公園
【モデルコースタイム　1時間40分】

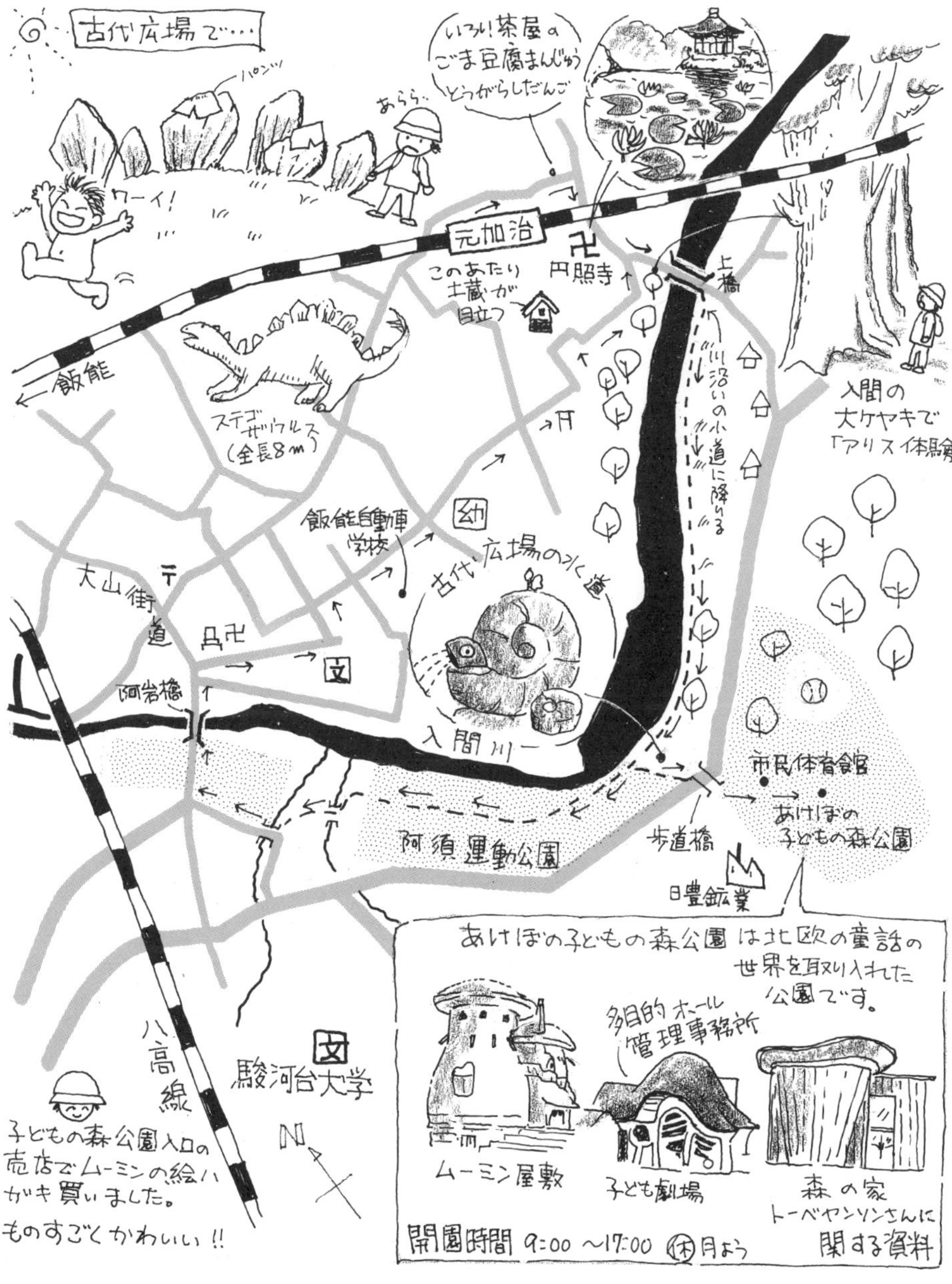

西武池袋線

東飯能 ━ ━ ━ **飯能《はんのう》** ━ ━ ━ 元加治

喫茶店銀河堂から飯能河原へ

　飯能の駅前から能仁寺《のうにんじ》に向かって歩くと、街道沿いの土蔵が目につく。この街は江戸時代から西川材の集散地として発展、幕末の頃からは織物の取り引きでも賑わっていたという。道すがら、JAいるま野の隣に土蔵の喫茶店「銀河堂」を見つけ、開店前の店内を見せてもらった。建物は江戸時代に作られた店《みせ》蔵《ぐら》(商売用に造られた蔵)で以前は織物の買いつぎをしていたが時代と共に店を閉め、十年ほど前に喫茶店用に内部を改装した。同店では時々ライブも開いているが、土蔵の中で楽器を奏でるといい音がするという。

　駅から二〇分も歩くと能仁寺に着く。資料によれば、この寺の庭園は池泉鑑賞式蓬莱《ちせんかんしょうしきほうらい》庭園という様式で、日本名園百選にも入っているすばらしい庭園らしい。ぜひチェックしなくてはならない。拝観料三百円を納めて受付から本堂の裏手にまわっていった。

「オーこれはこれは」「なるほど」「昔よくあったよね、庭園カレンダー」「そうそう」

　子供心に焼きついた「日本の庭園十二か月」が目の前にあった。

蔵造りの店も多い

　桃山時代の作庭といわれる名園をしばし眺めて天覧山《てんらんざん》へと向かう。二〇分足らずで登れるかわいい山だが展望は良好。ここから飯能河原に降りてお弁当を食べて帰るというのが小学一、二年生の遠足の定番だ。

　途中には飯能市郷土館もある。

大人の場合は川を渡って「椚庵《くぬぎあん》」で川面を見ながらそばを食べるというのはどうだろう。

　河原に人影がなくなった晩秋に歩きたい、歴史を感じさせるコース。

庭園カレンダーが今、目の前に！

駅→銀河堂→能仁寺→天覧山→飯能河原
【モデルコースタイム　1時間45分】

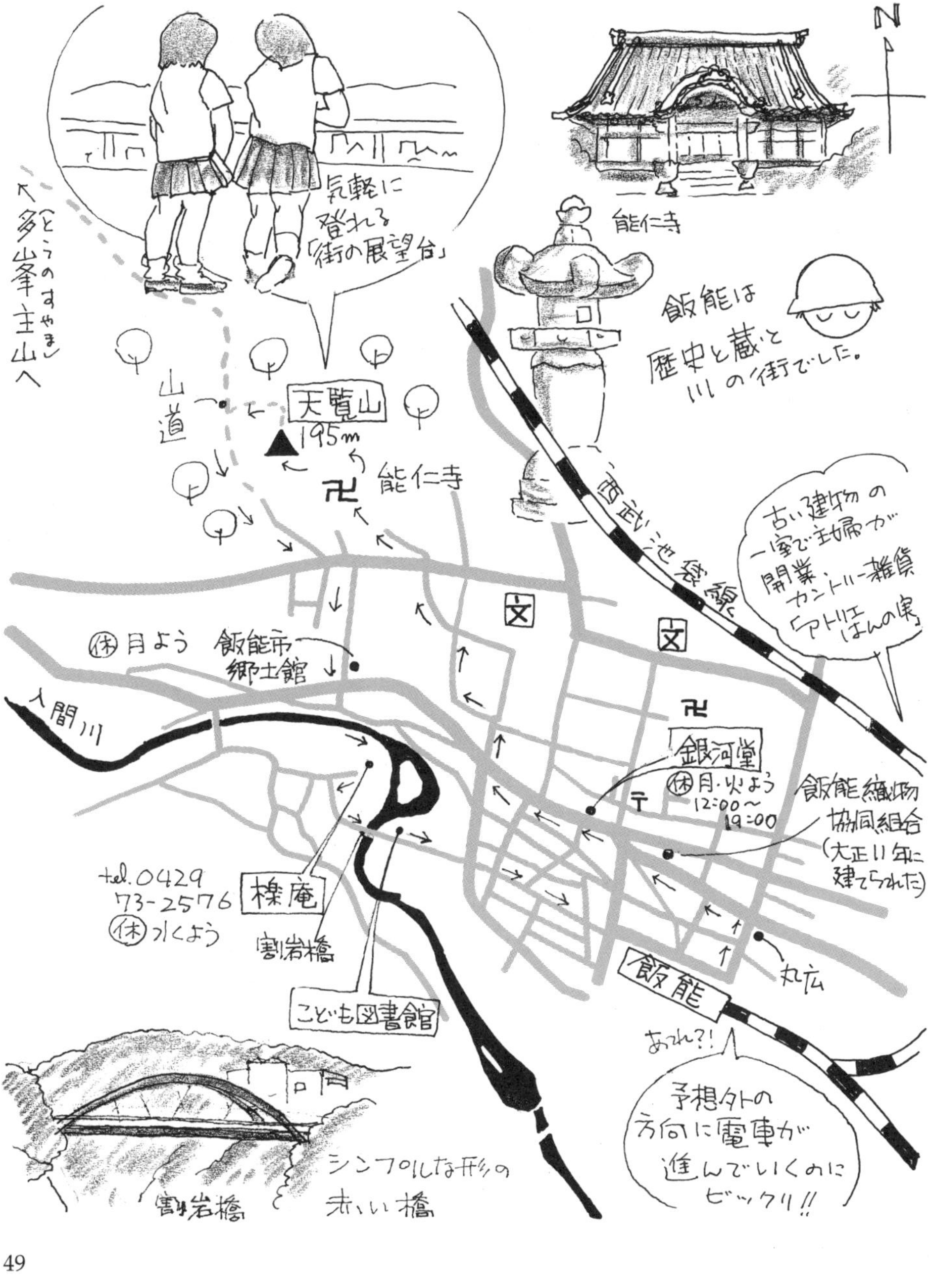

西武池袋線

高麗　**東飯能**　飯能

ひがしはんのう

加治神社から宮沢湖へ

　駅ビルの大きな建物を後に、奥武蔵自然公園の入り口にある宮沢湖を目指す。歩いても一五分足らずの、お隣の飯能駅前は賑やかな商店街だが、ここ東飯能の駅前はまだまだのんびりして静かな街並みが広がっている

　西武線の踏切を越え、加治《かじ》神社までは住宅街の中の道になる。

　加治神社は参道だけがうっそうとしたカシの木におおわれていて鎮守の森の雰囲気を残しているが、その横は芝生の斜面になっていて、ひと休みするにはちょうどよい。

　神社の脇から舗装道路をなだらかに登ればすぐ山道に入り、振り返れば市街地が見わたせる。スギやヒノキの入り混じった雑木林の中を二〇分も歩けば、緑に囲まれた宮沢湖のほとりにでるが、飯能から歩いて一時間ちょっととは思えないほどの静けさだ。

加治神社の笑う狛犬

湖を一周すると約一時間。ここからなかよし動物園を経由して堤防、遊園地とまわり、再びここにもどってこよう。未舗装の道で人の少ない前半の雰囲気がいい。堤防の上から見る茶畑の風景ものどかで、奥武蔵のハイキングとはまた違った味わいがある。

　宮沢湖は灌漑《かんがい》を目的に作られた人工の湖だが、ボート遊びや釣りができ、動物園や遊園地も作られているので家族でゆっくり過ごすことができる。

　しかし、疲れたあなたに一番のおすすめは、動物園前の芝生の広場で水面を見ながらぼんやりとすることでしょうか……。

　帰りは同じ道をもどり、街のあちらこちらに残る古い建物を見ながら飯能駅へ。

湖畔の芝生で、ただぼんやりと

駅→加治神社→宮沢湖→なかよし動物園
【モデルコースタイム　2時間40分】

西武池袋線

武蔵横手 ━ ━ ━ ━ **高麗《こま》** ━ ━ ━ ━ 東飯能

曼珠沙華の群生地を歩く

　あいにくの小雨模様の午後、真っ赤な将軍標が目をむいて立っている高麗の駅に降り立った。話に聞く曼珠沙華《まんじゅしゃげ》の群生地を見に来たのだ。この天気の中でも、観光客は次から次へとやってきて、列を作って歩いている。

「ねえ、ちょっと休んでいこうか」。

　私たちは途中にあるバスのカレー屋「むささび亭」に入った。ボンネットバスを改造した店内では先客の登山グループがくつろいでいる。入り口に置かれた石炭ストーブが嬉しい。

　再び歩き出してみると、時間も遅くなってピークを過ぎたのか、人の影もまばらになっていた。巾着田《きんちゃくだ》には臨時の売店やトイレも設置され、いかに多くの観光客が訪れているかがわかる。

　林の中に足を踏み入れると、思わず息をのんでしまうほど見事に咲きそろった深紅の華。約百万本あるといわれる曼珠沙華の花は高麗川のほとりに敷かれた緋《ひ》もうせんのようだ。

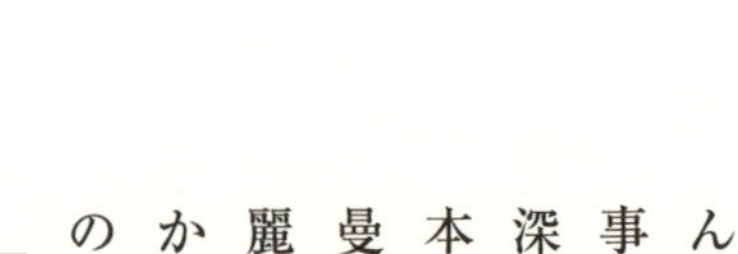

彼岸花の群落

「なんだか怖いわね」「火曜サスペンス劇場みたい……きっと、あのあたりに……」

　そんなことを思うのは、いつの間にかあたりが薄暗くなってしまっていたからに違いない。幻想的な雰囲気を味わいたいなら、人の少なくなった夕方に。時間に余裕があれば高《こ》麗《ま》神社や聖天院《しょうでんいん》をまわり、高麗の歴史にもふれてみよう。

　田んぼのあぜ道、野仏《のぼとけ》のかたわらに咲く、ひとむらの曼珠沙華というのも風情があってなかなかいい。

妖《あや》し!? 高麗川のほとりの緋もうせん

駅→巾着田→聖天院
【モデルコースタイム　2時間40分】

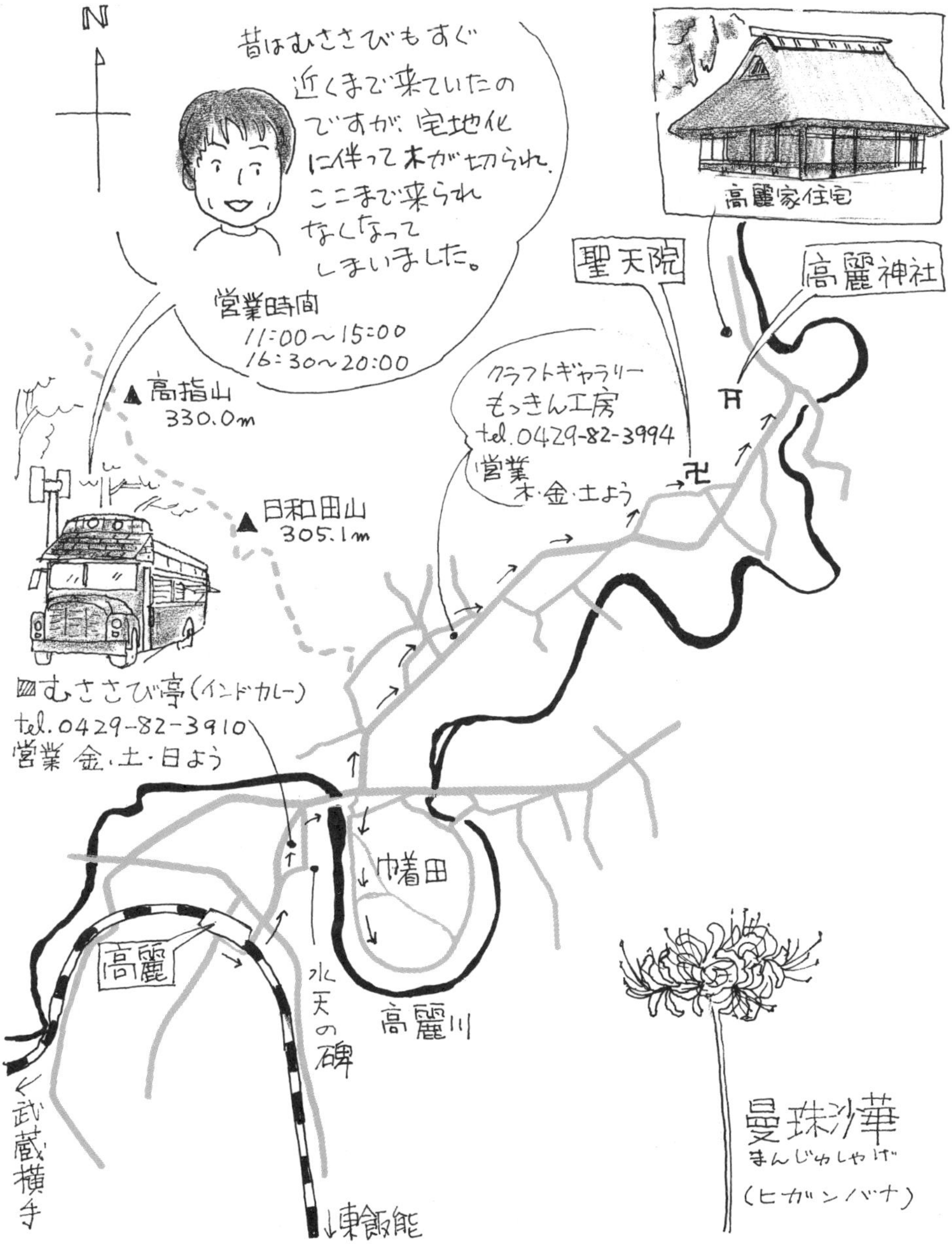

東吾野 ━ ━ ━ ━ ━ 武蔵横手《むさしよこて》 ━ ━ ━ ━ ━ 高麗

五条の滝から日和田山へ

奥武蔵ハイキングの定番、五条《ごじょう》の滝から物《もの》見《み》山・日《ひ》和《わ》田《だ》山、そして高麗に降りるコースを歩いてみよう。

駅前の通りを横切ってまずは五条の滝へ。杉林の中、沢の音を聞きながらの静かな道だ。

歩き始めて約五〇分、ちょうどひと汗かいたところ案内板があり、右手に細い道が下っている。不動明王がまつってある滝を見ながらひと休みしていると、木漏れ日に光る水しぶきが気持ちいい。

林道にもどり再び歩き出す。北向き地蔵からやっと山道になりほっとするが、相変わらずスギ、ヒノキの林が続き展望はない。

物見山で大休止。ベンチの置かれた頂上は見晴らしもまあまあ、登山客がお弁当を広げている。電波中継塔のある高指《たかざす》山の手前でグリーンラインをわずかに歩くとトイレとあずまやがあり、ここも見晴らしがよい。高指山からは再び山道に入り、岩の多い道をひと登りで宝篋印塔《ほうきょういんとう》のある日和田山の山頂に着く。

山頂を少し下ったところにある金毘羅《こんぴら》神社の前からは巾着田《きんちゃくだ》方面の見晴らしがよく、かまどの煙ならぬ、バーベキューの煙が上がっているのが見える。女坂を下って高麗の里に降りていき、先ほど眺めた巾着田の川岸でゆっくりして帰ろう。おなかがすいていたら、途中の豆腐屋の店先で売っている田楽がおいしい。

金毘羅神社前から巾着田を望む

子ども連れなら逆コースで日和田山の男坂を登ればドキドキの後の見晴らしに歓声があがる。散歩といわずに家族で出掛けて一日楽しんでこよう。

木漏れ日に光る水しぶきにいやされる

駅→五条の滝→日和田山→巾着田
【モデルコースタイム　3時間5分】

北向地蔵
悪疫を防ぐために
まつられ、北を向いて
立っている
物見山
375.4m
奥には
杉と桧に囲まれた
一等三角点
何も見えない。
五常の滝
駒高
W.C
高指山
330.0m
日和田山
305.1m
(女坂)
金比羅神社
(巾着田が
よく見える)
もっとも奥武蔵らしい
ハイキングコース…・
と私は思うのです！
武蔵横手
高麗
巾着田
N
高麗豆腐
tel.0429-82-3450
(休) 月よう
とうふ
田楽棒
季節、曜日、限定品。幸運を祈る!!
秩父地方にのみ
残され、栽培
されている大豆
「白光」を中心に
はっこう
とうふ作りを
している

東吾野

高麗川から錦鯉を見てユガテへ

思いついての半日散歩、東吾野駅からは虎《こ》秀川《しゅうがわ》沿いにユガテまで歩いてそのままもどるという、お手軽コースで行ってみよう。

駅を出たら高麗川を渡り、交通量の多い国道から指導標にしたがって右折する。右手に製材所を見ながら虎秀川沿いに山あいの道を入れば、うってかわった静かな道になり、水面に眼を凝らせば魚が泳いでいるのが見える。

途中、浅見養鯉場をのぞいて、なんと十代で錦鯉にはまったというご主人の話を聞いた。現在扱っている錦鯉の九五％がアメリカ・イギリスへの輸出用だというから驚きだ。

その先には鎌倉時代末期の建築様式の武蔵野三十番札所、福徳寺《ふくとくじ》の阿弥陀堂《あみだどう》がある。苔むした石垣の上にあるお堂を見学していこう。

さらに川沿いを進んで、顔振峠《こうぶり》への分岐から二〇分ほど山道を登ると山の中の集落、ユガテに着く。

集落といっても家は二軒しかないが、切り開かれた畑には野菜や花が作られていて、明るくてのどかな風景だ。見晴らしこそないが、なんだか別の世界に来たようでもある。ウグイスの声を聞きながら昼寝でもして降りよう。

もの足りない人は、東吾野駅前の国道を吾野方面に歩いてきまま工房「木楽里《きらり》」で簡単

北向地蔵

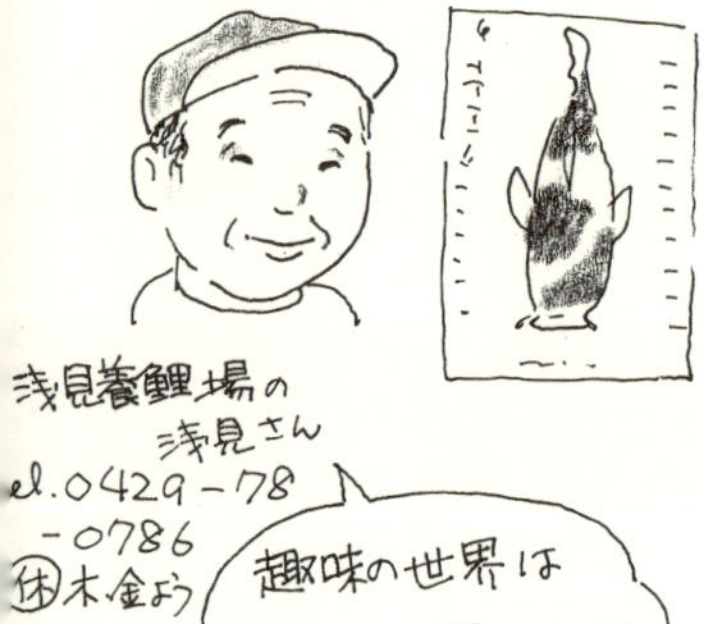
浅見養鯉場の
浅見さん
tel.0429-78
-0786
(休)木金よう
趣味の世界は
奥が深いです

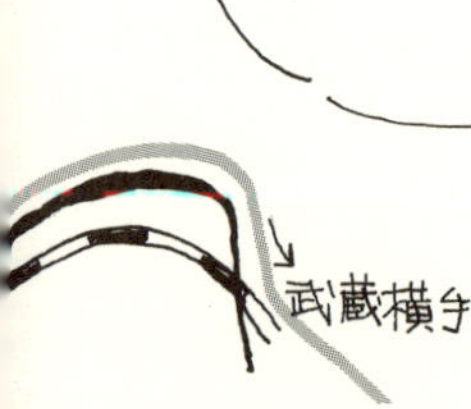
武蔵横手

のどかなのどかな山あいの集落へ

駅→高麗川→養鯉場→福徳寺→ユガテ集落→林道
【モデルコースタイム　2時間40分】

ユガテの夏

な木の工作を楽しみ、帰りに「かたくりの郷」でうどんを食べてみよう。それでも元気があれば、四〇分ほど遠回りして栗園の裏手の静かな林道を歩いて駅にもどれば充分すぎるほどだ。

なんといっても春がおすすめ。

N
吾野
高麗川
西川材を材料にして、身のまわりの小物を自分で作れる
きまま工房「木楽里」tel.0429-70-2007
顔振峠へ
道標
ユガテ
W.C
お地蔵さま
虎秀川
興徳寺
JA
卍 福徳寺
浅見養鯉場
製材所
東吾野
交通量多し！
----。
何も見えない静かな道
誰にも会わない静かな道
かたくりの郷《さと》
tel.0429-78-0327
うどん・そば
ちょっとわかりづらい杉林の中の道
文
東吾野原木センター
▲445.5m
天覚山

西武池袋線

西吾野 ━ ━ ━ ━ ━ **吾野** ━ ━ ━ ━ ━ 東吾野

あがの

奥武蔵グリーンラインをのんびりと

顔振峠《こうぶり》からはユガテを通って、東吾野に下るのが一般的。しかし今日は奥武蔵グリーンラインを丸山方面にとり、八徳の集落に向かう。

コースはほとんどが鋪装されているが、山里の景色を楽しんで、のんびりと歩こう。

吾野駅から高麗川《こまがわ》を渡り、中学校の横から林道に入っていく。杉林の中をひと登りすると鋪装道路に飛び出し、見晴らしがよい。

まわりの斜面に広がる集落では秋の日差しを浴びて柿の実が光り、イノシシよけの柵をした小さな畑には自家用の野菜が並んでいる。ひと休みして、お茶でも飲みたいところだ。

お地蔵様の横から細い道を登っていくと、奥武蔵グリーンラインに出る。目の前には遠く丹沢から奥多摩、奥秩父の山並が広がり、晴れた日には富士山もよく見える。駅からわずか一時間の大展望、茶店の店先でそばを食べながら「あの山は大岳山、そのとなりが……」と、眺めるもよし、しだれ桜の下でビールの一杯でも飲めば山上の楽園気分になることまちがいなし。

顔振峠斜面に広がる集落

帰りはグリーンラインをしばらく歩き、風影《ふかげ》の集落を経て八徳へ。高山不動からの道を合わせてからは、静かな沢沿いの道が続く。あまりの長さにうんざりした頃、製材所の木の香りがしてきて吾野駅は近い。

沢沿いに梅の花が咲きこぼれる早春がおすすめ。

八徳に降りずに、もと来た道を帰れば、軽い散歩コースで誰でも歩ける。

山上の楽園を行く

【奥武蔵グリーンライン　顔振峠往復のコースタイム　1時間50分
八徳経由のコースタイム　3時間30分】

西武秩父線

正丸 ━ ━ ━ **西吾野** ━ ━ ━ 吾野

にしあがの

木の香り、ひなびた雰囲気

梅雨も中休みという一日、緑を求めて西武秩父線に乗ってみた。山あいの駅にはウグイスの声が響き、誰もいない駅の構内で、駅員さんが花に水をやっている。

坂道を下って国道に出ると道沿いに材木置き場があり、製材所からのこぎりの音が聞こえてくる。前を通ると木の香りがさわやかだ。このあたりは西川材の産地で製材所が多い。

吾野方面に歩いて子床《こゆか》橋を右折、沢沿いに歩いていくと、苔むした岩にユキノシタの白い花が一面に揺れていて思わず足を止めた。

スギとヒノキの入り混じった林の中を淡々と歩き、ジグザグののぼりを繰り返したあとに車道に飛び出す。駅から九〇分、顔振峠方面の見晴らしがよい。

子《ね》の権現《ごんげん》は足腰守護の神仏として知られ、標高六四〇mの山頂にある。境内には二tもある鉄のわらじが奉納され、本堂の中にもわらじやスリッパなど足に関係する物が奉納されている。本坊はカヤとスギで何層にも葺《ふ》かれていて、そのひなびた雰囲気がなんともいえない。

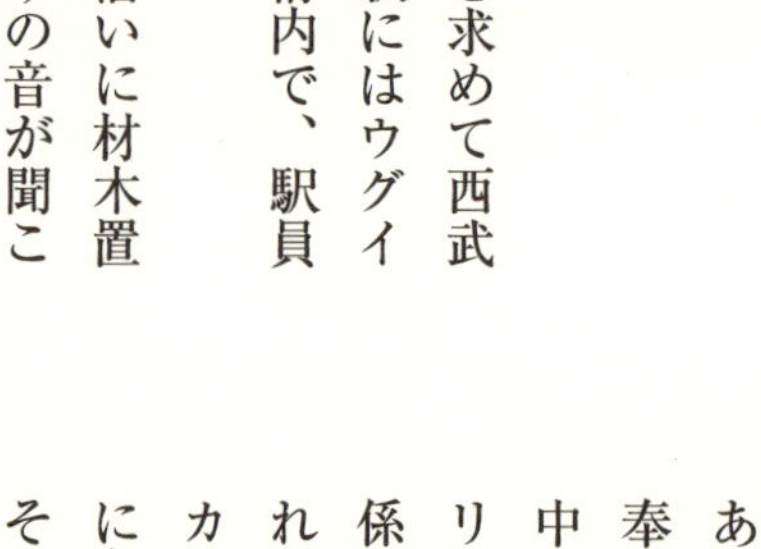
浅見茶屋手前の古い建物

西武線散歩の安全を祈って山を降りよう。吾野駅に向かう途中にある「浅見茶屋」は昭和七年開業。お客が来てから打ち始めるうどんの汁はシイタケと油揚げの入った先代のおばあちゃん直伝の味。心休まる家庭の味は遠くから食べに来る人も多いという。

ビールとうどんでつい長居、やっと腰をあげて振り返ってみれば築一四六年の茶店がアジサイの花の中に埋もれていた。

梅雨もまたよし！

わらじの神様に西武線散歩の無事を祈願

駅→子床橋→子の権現→浅見茶屋
【モデルコースタイム　2時間50分】

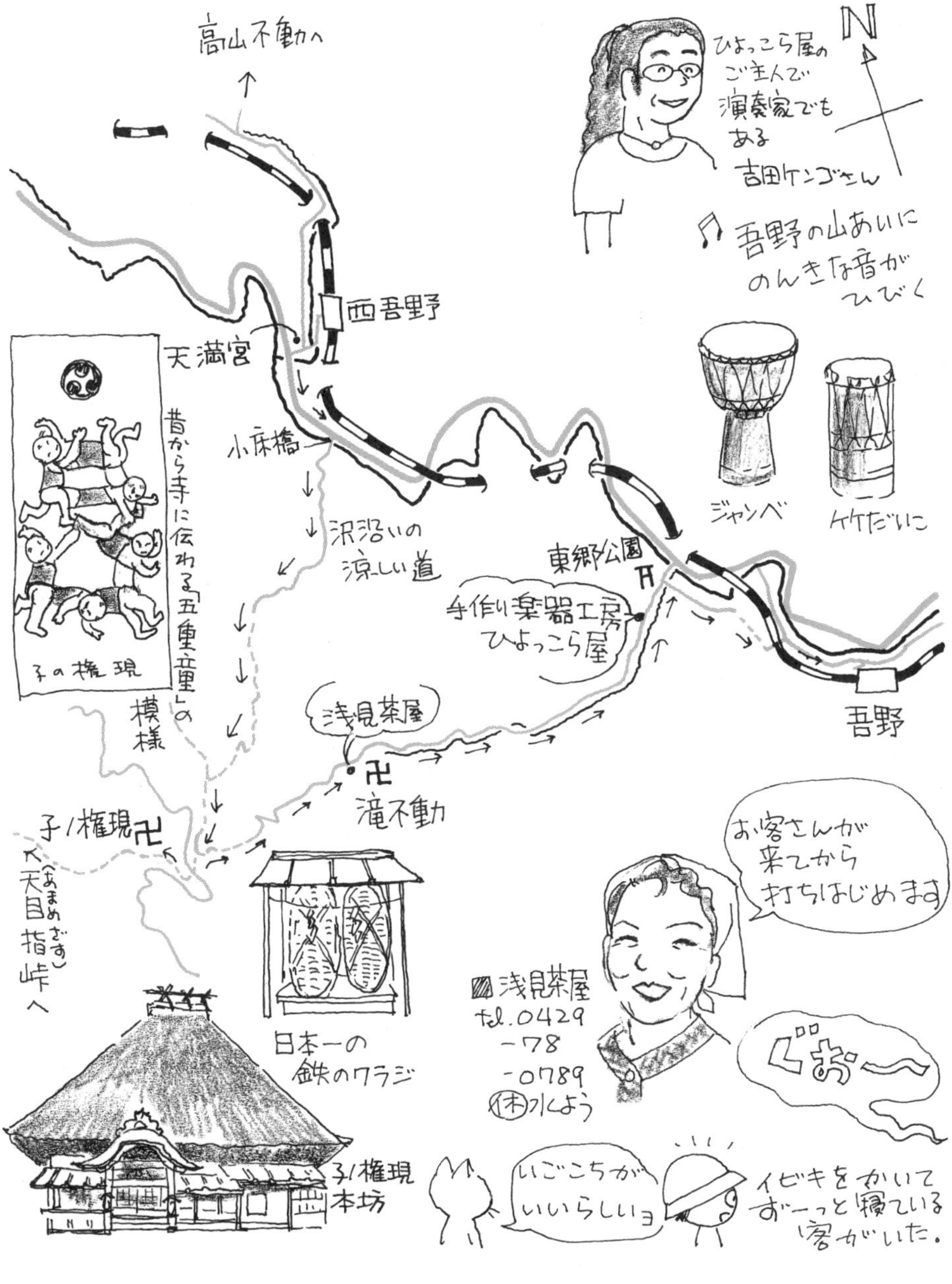

西武秩父線

芦ヶ久保 ━ ━ ━ ━

正丸

━ ━ ━ ━ 西吾野

しょうまる

伊豆ヶ岳へハイキング

正丸駅から伊豆ヶ岳へは約九〇分、駅から歩き出せるハイキングコースとして人気が高い。山里の風景を楽しみながら、いつもとは違う「散歩」にチャレンジしてみよう。

もちろん登山するときと同じ服装で、歩きやすい靴をはき、雨具、飲み物、お弁当、敷物が必要。登山地図も必携。全体のコースタイムは三時間だが必ず午前中に出発して、こと思ったところで無理せずに引き返そう。

駅を出たらガードをくぐって沢沿いの道を歩き出す。早春なら梅の花が咲き、岩の間をぬって流れる水が絵のようだ。

二〇分ほどで山道への分岐。ここからは杉林の中の上り坂になる。ゆっくりゆっくりまたゆっくり。途中、土がむき出しになっている斜面で苦労することになるが、それも面白い。

沢沿いに咲く梅の花

一般の登山者のいきおいにのまれず、あくまでも、まわりの景色や植物に目をとめながら歩き、「登るお散歩」をまっとうしよう。

頂上直下の鎖場は落石のため、何年か前から通行止めになっているので、残念だが右手にあるなだらかな道を行く。

休日の山頂はいつも大勢の登山者が休んでいて、この山の人気のほどをうかがわせる。頂上をひとまわりして展望を楽しもう。

帰りは先ほどの急斜面を避けて正丸峠に降りる。鎖場のところから正丸峠への尾根道を下り、雑木林の中をしばらく歩く。茶店の裏手の道を注意して降りていけば、あとは歩きやすい道が続いている。はいおつかれ！

初心者にはちょっと厳しいコースかも？

ゆっくりゆっくり「登るお散歩」

駅→伊豆ヶ岳
【モデルコースタイム　2時間50分】

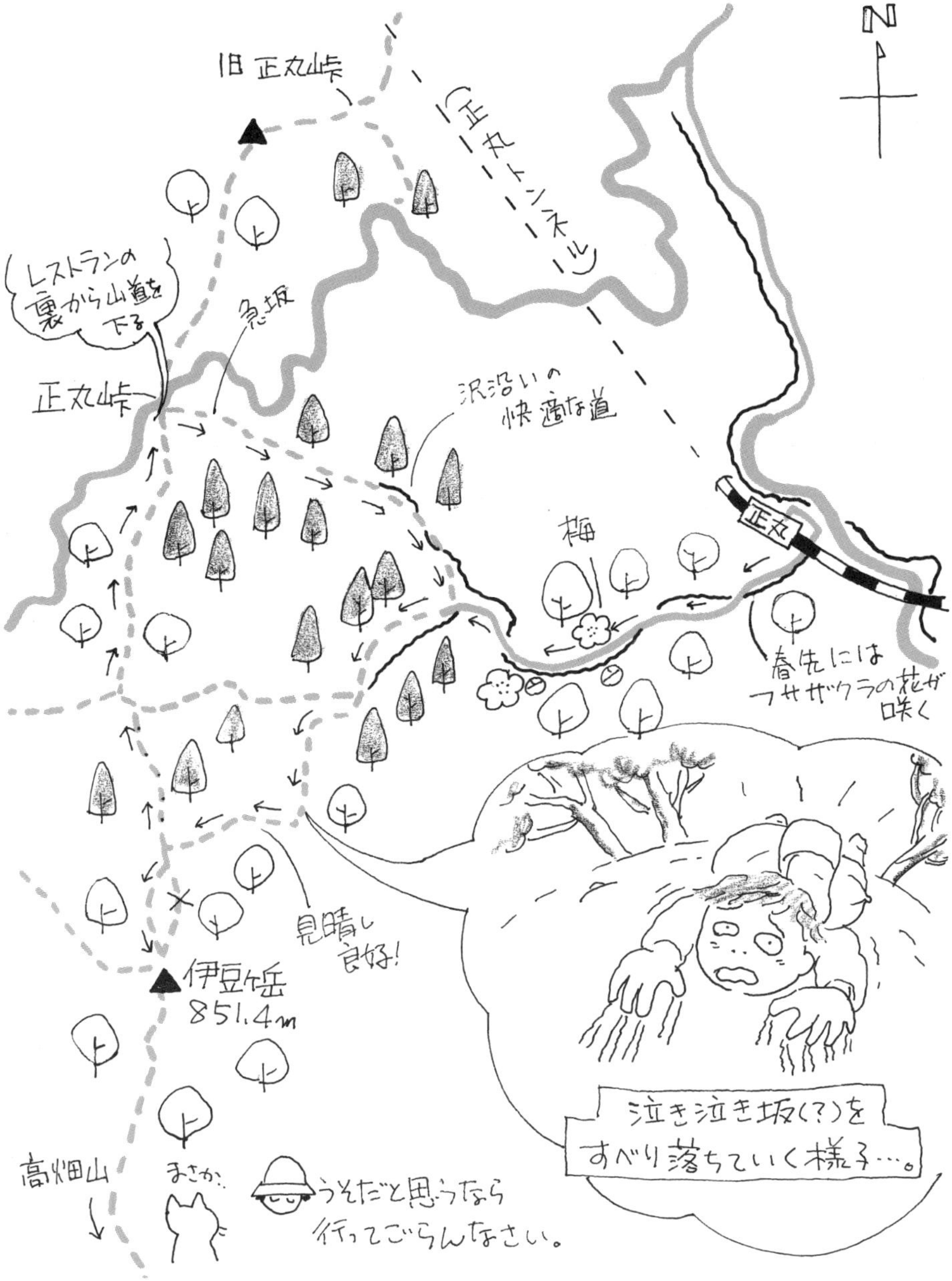
N
旧正丸峠
正丸トンネル
レストランの裏から山道を下る
急坂
正丸峠
沢沿いの快適な道
梅
正丸
春先にはフサザクラの花が咲く
見晴し良好!
伊豆ヶ岳
851.4m
泣き泣き坂(?)をすべり落ちていく様子…。
高畑山
まさか…
うそだと思うなら行ってごらんなさい。

西武秩父線

横瀬 - - - - -

芦ヶ久保

 - - - - - 正丸

あしがくぼ

日向山から武甲山をのぞむ

思いがけなく晴れ上がった秋の日におすすめのミニハイキング。

飯能からの電車はできればボックス席がのぞましい。旅の気分がもり上がることうけあい！

昼頃に芦ヶ久保の駅に降り立ったら、とりあえず山の斜面に広がる果樹公園村に向かう。

白ひげ神社を左に入っていくが、シーズンオフなら観光客の姿もほとんどない。ビニールハウスの中では春にそなえてイチゴの手入れをしている様子、外の畑には葉の落ちたリンゴの木にところどころ赤い実が残っている。

日向山へはあしがくぼフルーツガーデンの先にある水道施設横の道を入る。

ローラー滑り台のある広場に出たら小さな沢を渡り、山道を登っていく。いったん車道に出て再び山道に入り、ひと汗かいたところで日向山《ひなたやま》の頂上だ。

目の前には武甲山の姿が雄大に迫ってくる。この景色を眺めるだけでもここまで来たかいがあったというものだ。

山頂からは芝生の広がる野外ステージの斜面に降り、そこから先は山道を探すようにして下っていく。足元に気をつけよう。

ところどころに無人売店があるので、のぞいて歩くのも楽しい。

ローラー滑り台の広場に出たら必ず滑って下り、フルーツガーデンでまんじゅうつきの手打ちそばを食べて帰ろう。

薬味にゆずがたっぷりとついた太切りのそばと、炭酸のにおいがする素朴なまんじゅうの味がなつかしい。

山の斜面の果樹公園

まんじゅうつき手打ちそばは、いかが？

駅→果樹公園村→あしがくぼフルーツガーデン→ローラー滑り台
【モデルコースタイム　2時間45分】

ポカポカ!!
武甲山のながめが良い
おーい!!
日向山
633m
すっぱい!ぞ
あちこちにある無人売店には、果物の他に梅干しなどもおいてある
W.C
ブキー
ブー
ブヒー
木の子茶屋
W.C
いのししを飼っている
キウイのトンネル
アケビ
丸山へ
ひぇ～…こわいよ～
けっこうおもしろい!
山道
農村公園
W.C
ローラーすべり台
N
沢
あしがくぼフルーツガーデンは17人の婦人起業家の共同経営
年配の
W.C
・雨の日は休みです
果樹公園案内所
国道299号
芦ヶ久保
正丸
横瀬
芦ヶ久保でとれたお茶を出してくれる
「フルーツガーデン」の手打ちうどんにはまんじゅうがついてくる♡
600えん

西武秩父線

西武秩父 ―――― **横瀬** ―――― 芦ヶ久保

横瀬《よこぜ》

秩父観音札所めぐり

西武線の散歩もここまで来てしまうとすでに散歩の領域を越えて、小旅行といえる。しかも秩父観音霊場《ちちぶかんのんれいじょう》三十四か所のうち、五番から十番までの六つの札所が近くにあるのだからここはやはり、札所めぐりで決まりでしょう。

駅に置いてある観光マップをもらってスタート。ところどころの辻に石の札所道標があるのも巡礼の里らしい。まずは安産守護の観音様、九番明智寺《あけちじ》にお参りしてから、ぼけ封じにご利益があるという八番の西善寺《さいぜんじ》へ。

線路沿いから、明るい山里の道を武甲山のふもとに向かって入っていく。西善寺の山門を入ったところには、樹齢五百年といわれるコミネモミジが小山のように枝葉を広げていて壮観だ。紅葉は十一月中旬から下旬が見頃とのこと、苔むした大木の根元に立って見上げてみたい。

次は六番の卜雲《ぼくうん》寺《じ》、西武線の線路をはさんで反対側にある。観光農園の先の高台にあって、武甲山方面の見晴らしが良い。牛の石像がある七番の法長寺《ほうちょうじ》から五番の語歌堂《ごかどう》へ、ここにはお参りすると和歌が上達するという言い伝えがある。

西武線を見上げながら西善寺へ

五番納経所の長興寺《ちょうこうじ》まで足をのばし、武甲山を見ながら田んぼの中の道を帰ると、いかにも秩父に来たという気がする。横瀬川を渡り、国道に出たら右折、薬師堂のある小学校の前を左折すれば横瀬駅は近い。途中、武甲温泉で汗を流して帰るというのも一案。

いつもとは一味違う遠距離お散歩で小さな旅。

横瀬の札所で安産・ぼけ封じ・和歌上達を祈願？

駅→明智寺→西善寺→卜雲寺→法長寺→語歌堂
【モデルコースタイム　2時間45分】

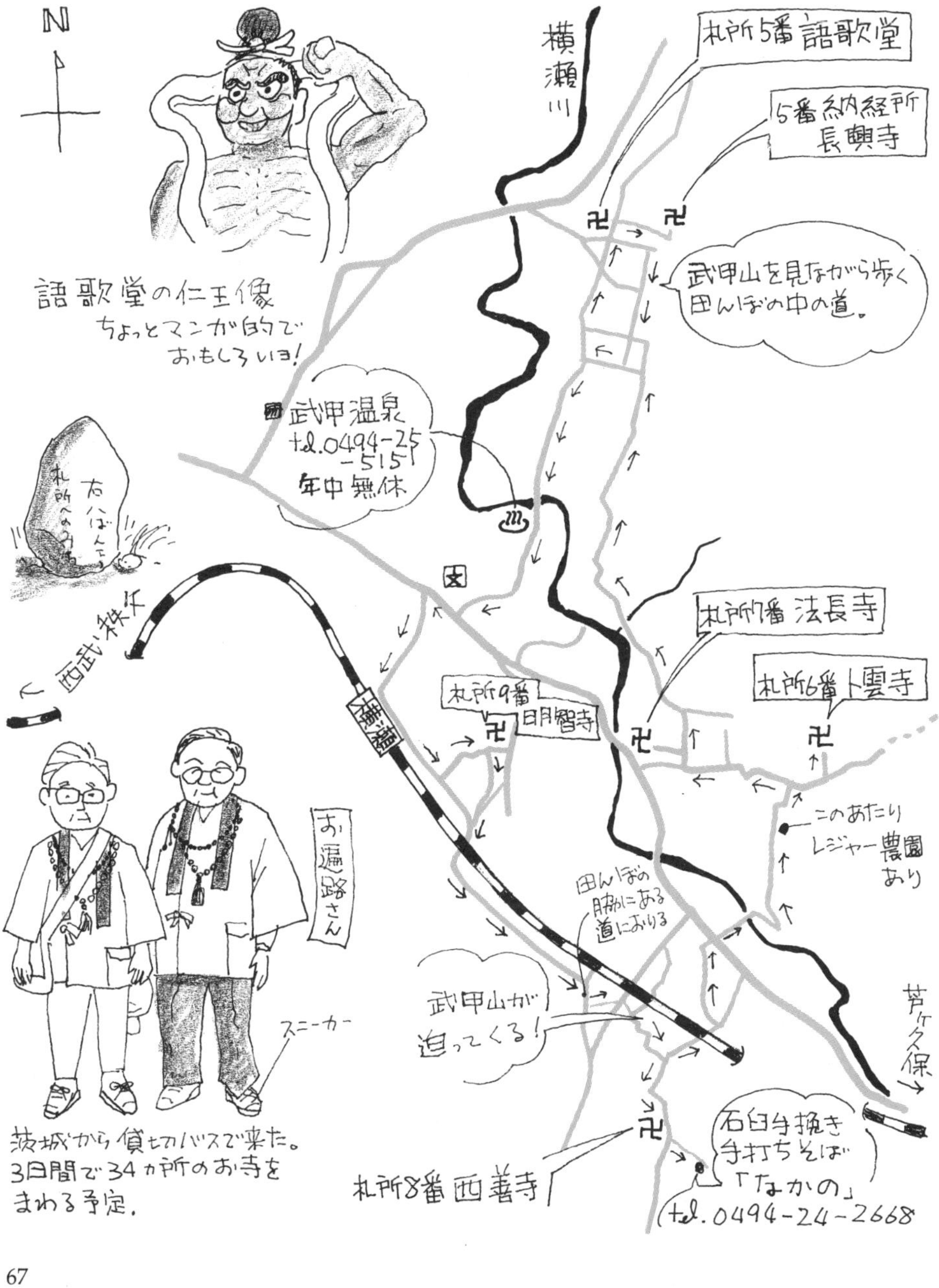

N
横瀬川
札所5番 語歌堂
5番納経所 長興寺
武甲山を見ながら歩く田んぼの中の道。
語歌堂の仁王像 ちょっとマンガ的でおもしろいヨ！
武甲温泉 tel.0494-25-5151 年中無休
右ハばんしょ 札所への道
西武秩父
横瀬
札所9番 明智寺
札所7番 法長寺
札所6番 卜雲寺
このあたりレジャー農園あり
田んぼの脇にある道におりる
お遍路さん
武甲山が迫ってくる！
芦ケ久保
スニーカー
茨城から貸切バスで来た。3日間で34カ所のお寺をまわる予定。
石臼手挽き 手打ちそば「なかの」 tel.0494-24-2668
札所8番 西善寺

西武秩父

横瀬

せいぶちちぶ

慈眼寺から音楽寺へ

　奥武蔵の山々をぬって電車は走り、ついに終点の西武秩父駅までやってきた。駅舎間近に迫る武甲山の勇壮な姿、そぞろ歩く観光客の姿、すでに今までの散歩とは一味も二味も違っている。

　お気楽な街角散歩といいながら、こんな遠くまで来てしまった理由はただ一つ。

「秩父そばを食べてみたい」

　秩父では気候風土がそば作りに適しているため、農家は昔から自分たちで食べるためのそばを作ってきたという。駅前の案内所で「秩父そばの会」のそば食べ歩きマップをもらい、さっそく歩き出した。しかし、二十軒も載っていてはどこに行っていいかわからない。検討の結果、もっとも秩父らしいくるみ汁のそばを食べることに決定。十三番慈眼寺《じげんじ》から加藤近代美術館、秩父神社を参拝して一軒目の「やなぎや」へと向かう。

　元祖くるみ汁の店。だしの利いた、つゆに山ぐるみがとけ、誰にでも好かれる味。

　店を出たら骨董長屋に足をのばすか、武甲酒造に立ち寄っても面白い。

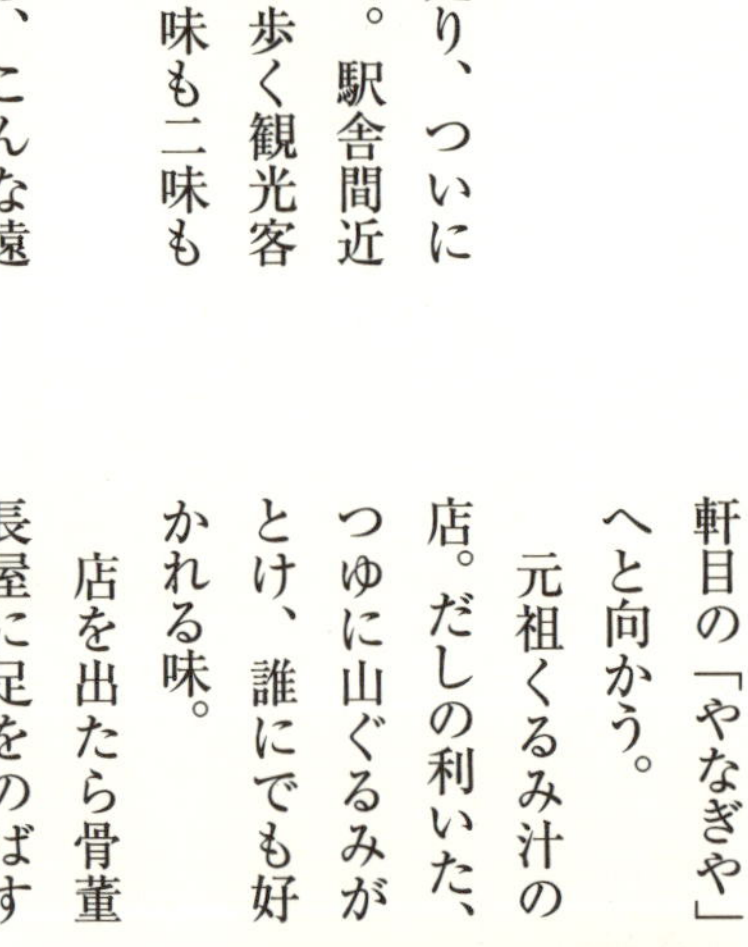

音楽寺のお地蔵様

　二軒目は「わへいそば」。そば本来の香りとコクのあるくるみ汁が店を出たあとまで口の中に余韻を残す。この辺で、もう一つ札所をまわろう。二十三番音楽寺《おんがくじ》には目の前の秩父公園橋を渡る。愛称ハープ橋、荒川の流れをまたいで五〇〇m以上もある巨大な橋だ。

　山の上の音楽寺からは武甲山と秩父市街地の見晴らしがよい。「秩父困民党無名戦死の墓」に歴史の重みを感じながら、三軒目のそば屋に向かって山を降りた。

秩父の「そば」、食べ歩き

駅→慈眼寺→加藤近代美術館→骨董長屋→音楽寺
【モデルコースタイム　3時間50分】

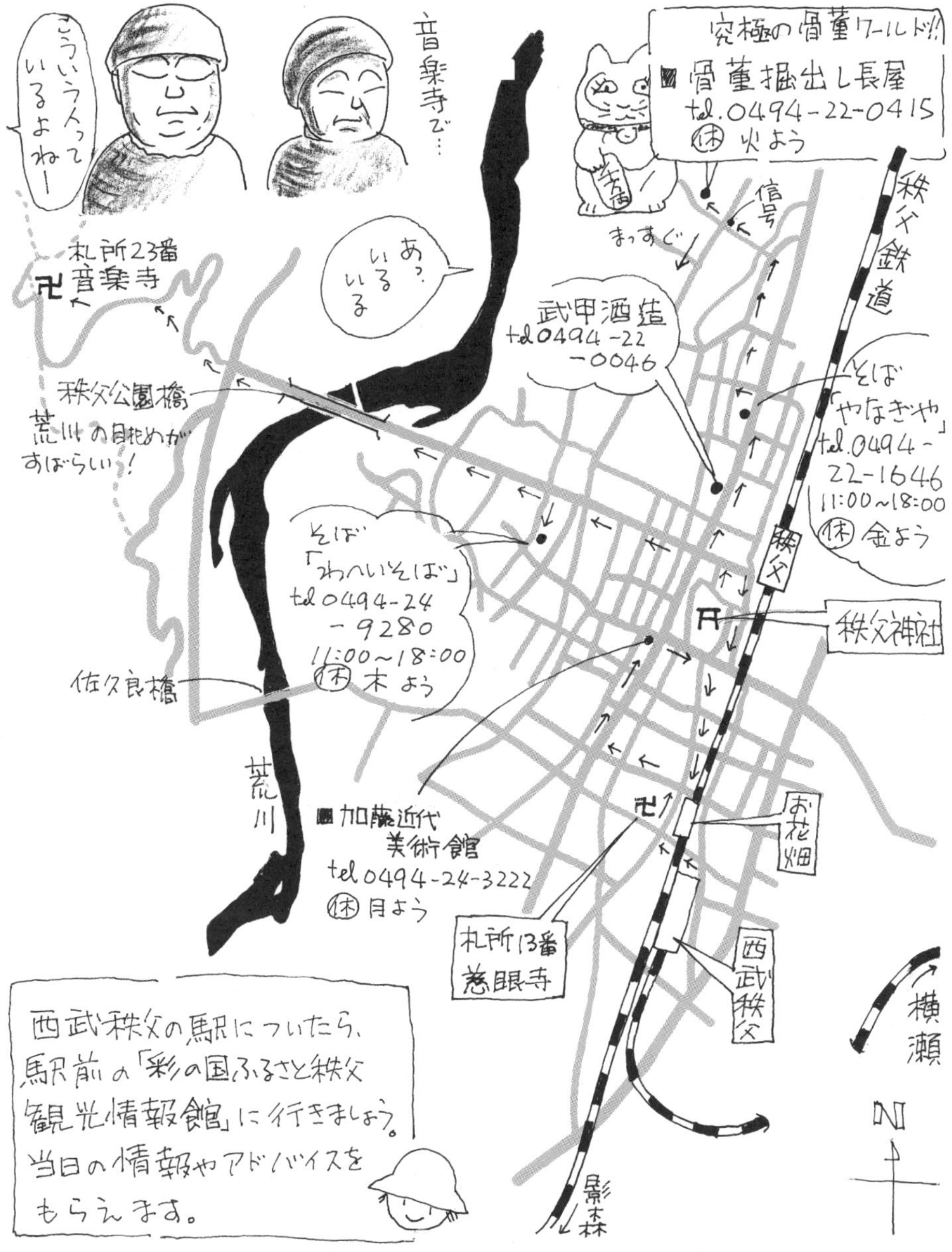

こういうんって
いるよねー
音楽寺で…
究極の骨董ワールド!!
骨董掘出し長屋
tel.0494-22-0415
休 火よう
秩父鉄道
信号
まっすぐ
札所23番
音楽寺
あっいるいる
武甲酒造
tel0494-22-0046
そば「やなぎや」
tel.0494-22-1646
11:00~18:00
休 金よう
秩父公園橋
荒川の眺めがすばらしい!
そば「わへいそば」
tel0494-24-9280
11:00~18:00
休 木よう
秩父
秩父神社
佐久良橋
荒川
加藤近代美術館
tel0494-24-3222
休 月よう
お花畑
札所13番
慈眼寺
西武秩父
横瀬
影森
N
西武秩父の駅についたら、駅前の「彩の国ふるさと秩父観光情報館」に行きましょう。当日の情報やアドバイスをもらえます。

西武新宿線

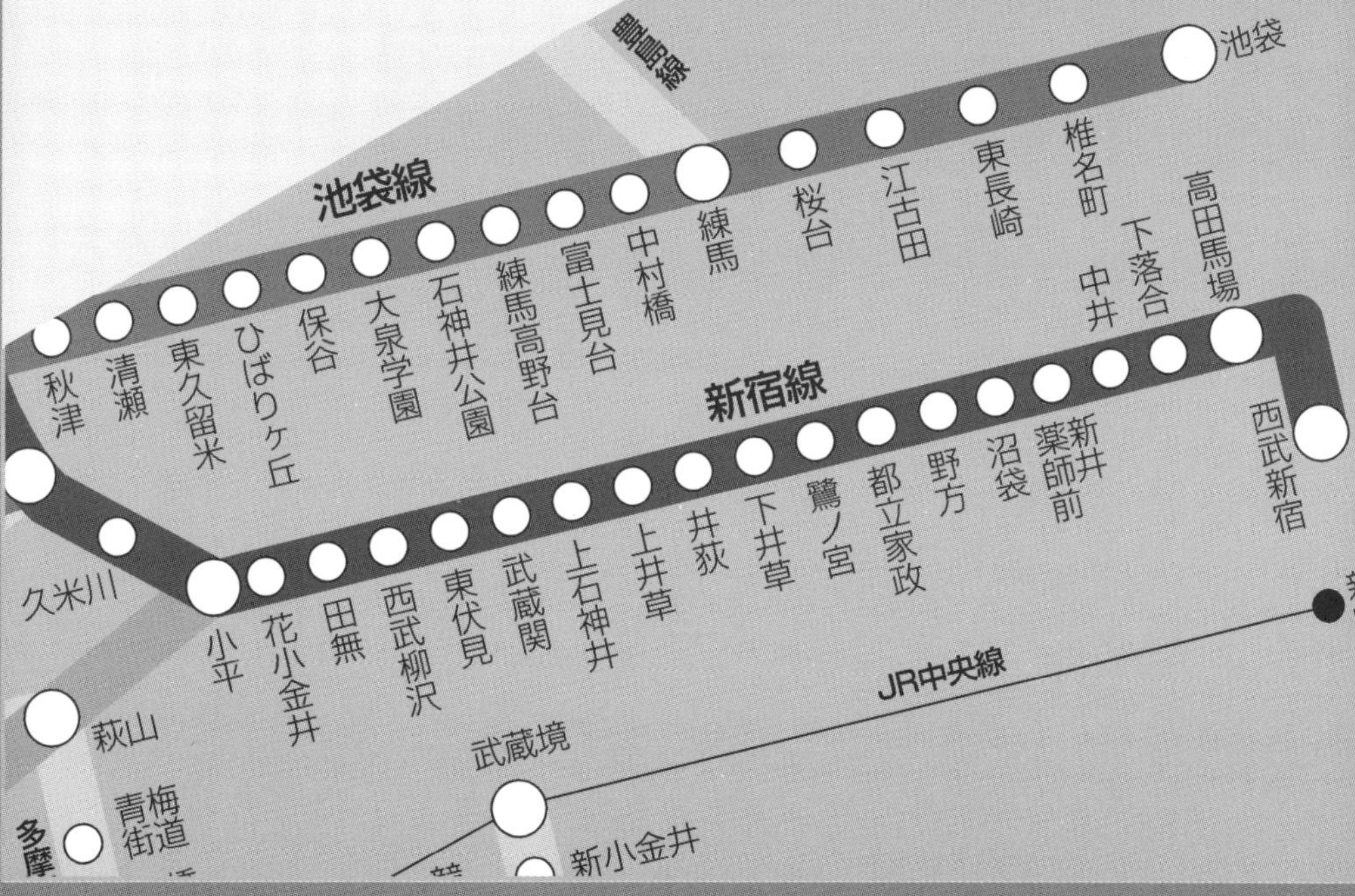
豊島線
池袋
池袋線
椎名町
東長崎
江古田
桜台
練馬
中村橋
富士見台
練馬高野台
石神井公園
大泉学園
保谷
ひばりヶ丘
東久留米
清瀬
秋津
高田馬場
下落合
中井
新宿線
西武新宿
新井薬師前
沼袋
野方
都立家政
鷺ノ宮
下井草
井荻
上井草
上石神井
武蔵関
東伏見
西武柳沢
田無
花小金井
小平
久米川
萩山
青梅街道
多摩
JR中央線
武蔵境
新小金井

新宿ミニ博物館めぐり

新宿区では区内の文化財や史跡、伝統工芸の工房をミニ博物館として展示公開している。

妙正寺川《みょうしょうじ》、神田川沿いの染物工房では普段なかなか見ることのできない染物の作業や作品を見学できる。体験教室もあるので、着物や染色に興味のある人には嬉しいコース。

まずは中井駅からスタートしよう。

落合台地に登る坂には一の坂、二の坂と番号がつけられ坂の入り口に表示がある。四の坂の入り口には放浪記で知られる林芙美子《はやしふみこ》が晩年暮らした家が、記念館として公開されている。

坂を登っていくと、円空の彫った不動明王像がある中井出世不動尊、さらにその先には猫地蔵尊の自性院《じしょういん》があるが、双方とも普段は公開されていない。

八の坂を登ると目白学園の校内にミニ博物館の目白学園遺跡があり、出土品資料室と縄文時代の竪穴《たてあな》式住居を復元した物を見ることができる。

中井駅にもどって下落合方面に歩き、染の里二葉苑《ふたばえん》で東京染小紋《そめこもん》や江戸更紗《えどさらさ》の手染め作業を見学していこう。

下落合の駅から北に坂を登れば画家、佐伯《さえき》祐三《ゆうぞう》のアトリエが佐伯公園になっている。

もういちど下落合駅近くまでもどり、ボタンの花が見事な薬王院から雑木林のおとめ山

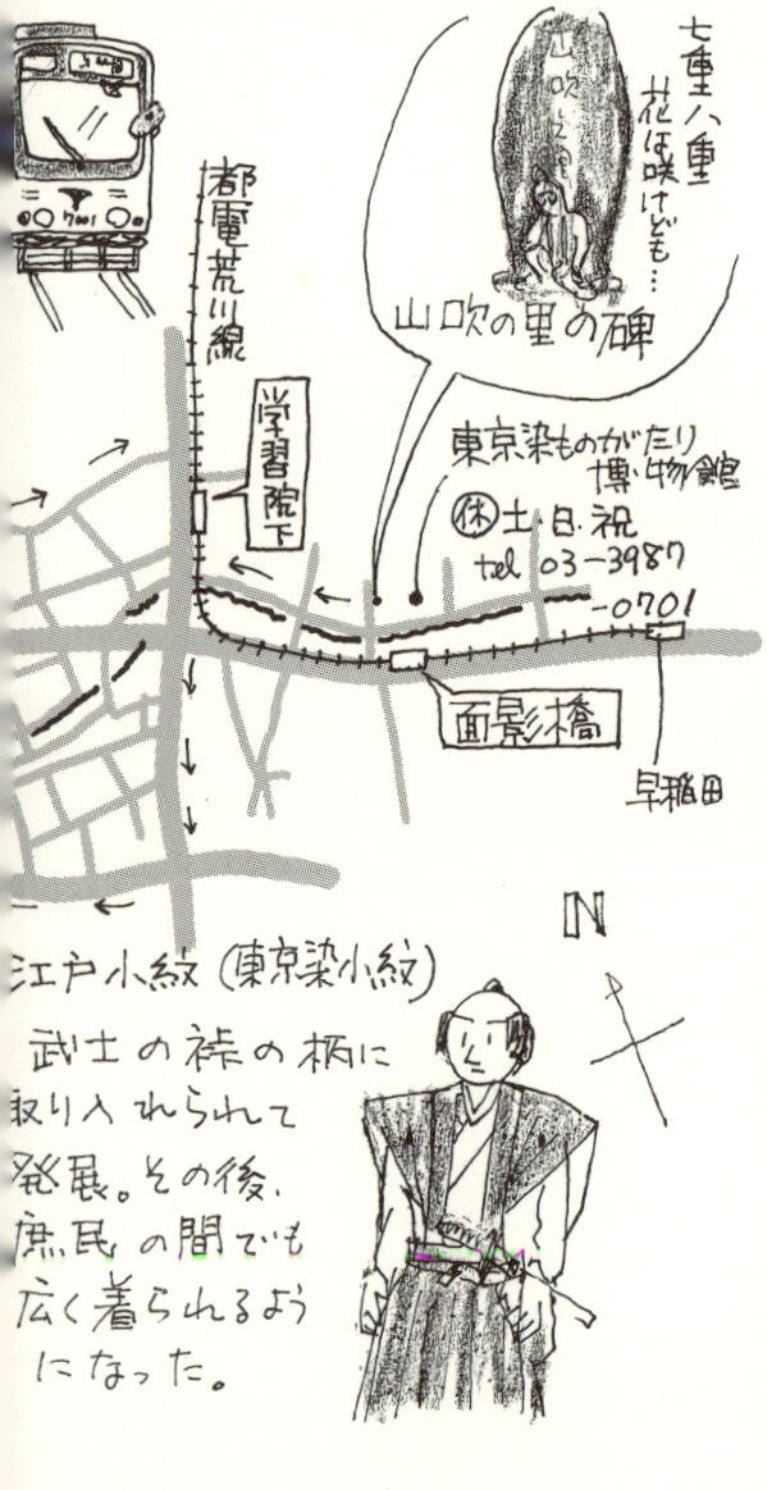
七重八重花は咲けども…
山吹の里の碑
都電荒川線
学習院下
東京染ものがたり博物館
㈷土・日・祝 tel 03-3987-0701
面影橋
早稲田
N
江戸小紋（東京染小紋）
武士の裃の柄に取り入れられて発展。その後、庶民の間でも広く着られるようになった。

小紋に更紗——江戸の美に思わずため息

中井駅→林芙美子記念館→自性院→目白学園遺跡→おとめ山公園
【モデルコースタイム　2時間20分】

林芙美子記念館がある「四の坂」

公園へ。
　山手線のガードをくぐり、学習院下から都電で一駅、面影橋《おもかげばし》そばの東京染ものがたり博物館を見学。型紙に彫られた小紋の模様におもわずため息が出る。
　高田馬場駅へは神田川に沿って歩いていく。

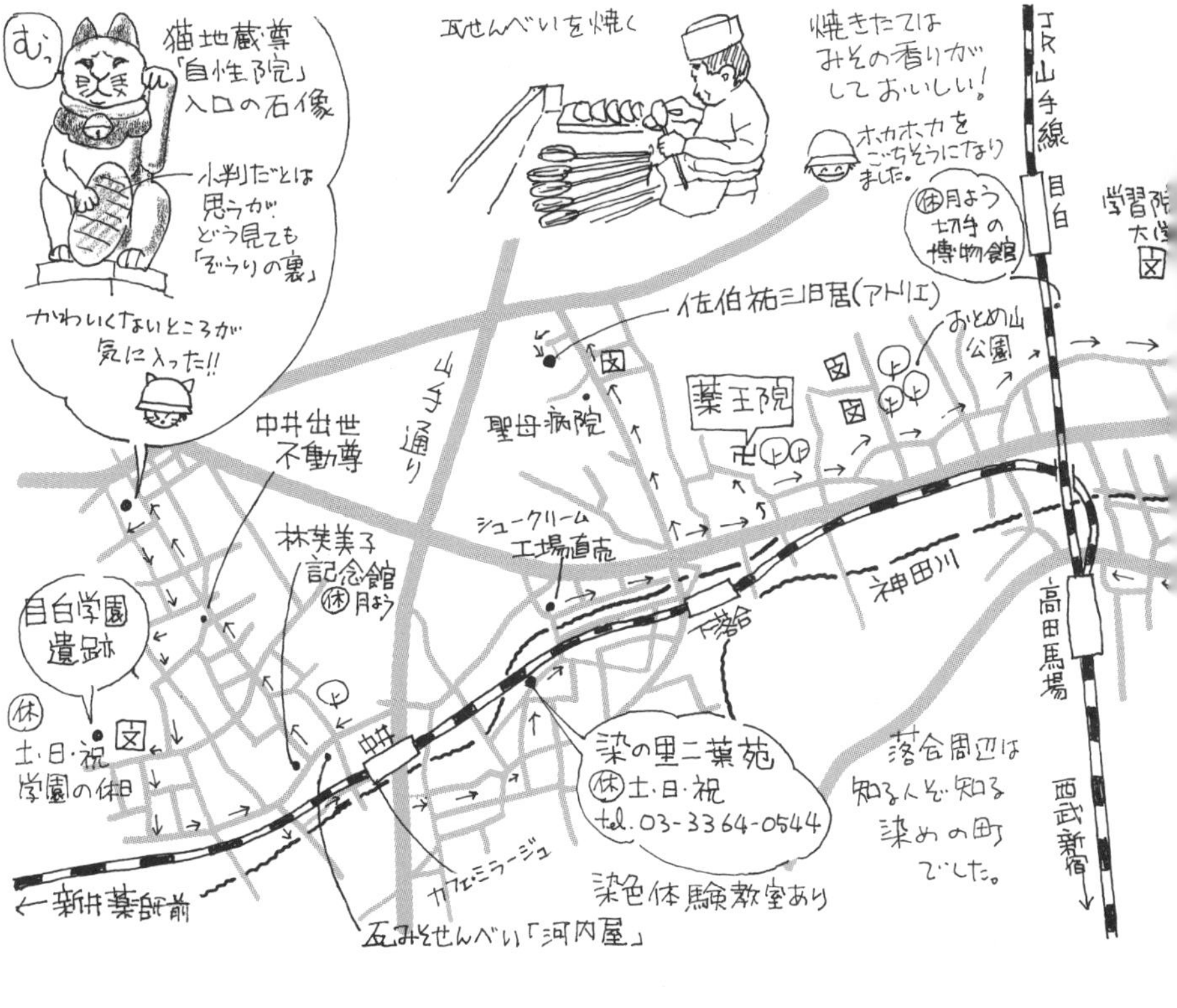

西武新宿線

沼袋 ―――― **新井薬師前** ―――― 中井

あらいやくしまえ

新井薬師から嫁菜の花美術館

散歩というのは季節のよいときと相場が決まっているけれど、中には、冬のほうがいい散歩道もある。

「かきねの、かきねのまがりかど……」と始まる童謡、『たきび』発祥の碑がある駅前の住宅地から、新井薬師《あらいやくし》へ。

広い境内では毎月第一日曜日には骨董市が開かれ、八のつく日には縁日がある。

お参りのあとは、おもちゃ美術館に行ってみよう。

なつかしいおもちゃや、世界のおもちゃが展示されていて眺めていると童心に返ってしまう。一階の売店には手作りおもちゃの本をはじめ、おもちゃに関する本が揃っているので、小さな子どもに関わる仕事をしている人には必見。

道の向かいと、おもちゃ美術館裏にある照明とインテリア小物の店「lampada」ものぞくと面白いものがたくさんある。

次は嫁菜《よめな》の花美術館、毎年一月から三月まで『磯谷《いそがや》佐紀子《さきこ》・恵一《けいいち》お雛さま展』をやっているので、ぜひその季節に出かけることをおすすめする。手作りのかわいいお雛さまの数々に思わず顔がはころぶことうけあい！

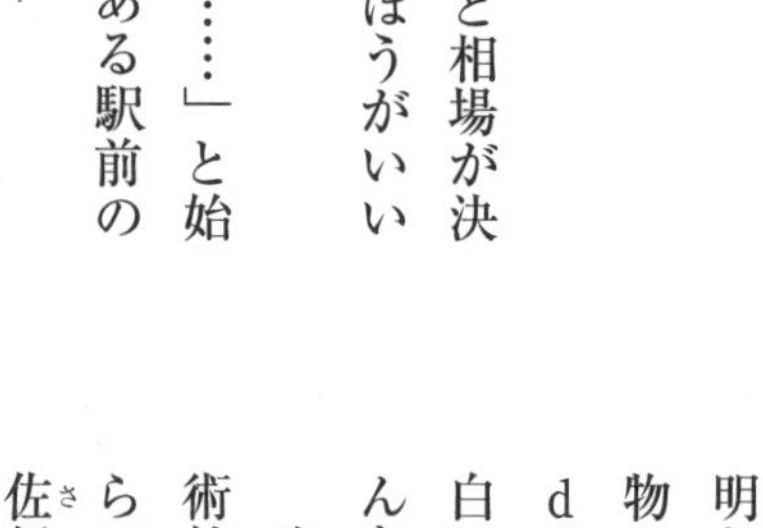
『たきび』のうた発祥の地

ここからは中央線中野駅に出るのが近いが、あくまでも西武線というなら、バス通りを歩いて野方まで行くというのも一案。

野方、沼袋、新井薬師前を一日かけて見て歩き、最後に眼病にご利益があるという新井薬師で、目を休めるというのもいいかもしれません。

郵 便 は が き

お手数ですが
50円切手をはって
ご投函ください

1 9 0 0 0 2 3

東京都立川市
柴崎町 3-9-6
高野ビル 1F

けやき出版 行

ご住所 〒

TEL

ご氏名（ふりがな）	年齢	男 女

ご職業
1. 学生（ ） 2. 会社員（事務系・技術系） 3. 公務員（事務系・技術系）
4. 自営（商・工・農・漁・医・その他 ） 5.教職（小中高・大・その他 ）
6. 自由業（ ） 7.主婦 8.無職 9.その他（ ）

ご愛読紙・誌名	お買い上げ書店名

愛読者カード

ご購読ありがとうございました。誠にお手数ですが下欄にご記入のうえご投函下さい。今後の出版活動の資料として活用させていただきます。

●本書の書名

●本書の発行を何でお知りになりましたか

1. 書店で　2. 新聞　3. 雑誌　4. 書評で（紙・誌名　　　　）

5. 人にすすめられて　6. 小社出版物の巻末自社広告・新刊案内

7. その他（　　　　）

●本書についてご感想をお聞かせ下さい

■ これまで小社の本をご購読いただいたことは

ない　　　ある（書名　　　　）

■ これから出版してほしい本の内容やテーマについて

●耳よりな情報がありましたらおしらせ下さい

購読申込書　＊お届け方法をお選び下さい

1. ご指定の書店へお届け（下欄の書店名・住所を必ずご記入下さい）
2. 宅配便による直送（送料は1冊200円、3冊まで300円、4冊以上無料）

書名	冊	書名	冊
書名	冊	書名	冊

ご指定書店名　　　　住所

西武新宿線

都立家政 - - - -

野方・沼袋

 - - - - 新井薬師前

のがた・ぬまぶくろ

宮坂醸造から哲学堂公園へ

野方は西武線の駅の中では早くからひらけていた。

「昔は映画館が二つもあって、今よりもっともっと賑やかだったわ、遠くからもみんな買い物に来たものよ」と、野方で生まれ育った同行のAさんは言う。駅前の商店街をひとまわりして宮坂醸造まで行ってみよう。神州一味噌のミコちゃんでおなじみだ。

ここから妙正寺《みょうしょうじ》川沿いに平和の森公園へ。中野刑務所跡地に作られたこの公園では、弥生時代の住居跡が多く発見されている。

再び川沿いにもどり、沼袋駅から氷川神社へ。境内に太田道灌《おおたどうかん》が植えたという、松の根元だけがわずかに残っている。明治寺の百観音は明治天皇の病気快復祈願のためにまつられたものだが、現在は百八十体の観音石像が庭に安置されていて見る者を圧倒する。

寺を出たら新青梅街道を渡り、中野区立歴史民俗資料館に寄ってみよう。哲学堂公園の紹介ビデオを見ると見所がわかる。庭のツブラジイの大木、常設展の中にある徳川綱吉《とくがわつなよし》愛用の犬形湯たんぽ（模造品）も見逃せない。

新青梅街道沿いに哲学堂《てつがくどう》公園まで歩く。哲学者であり、教育者でもある井上円了《いのうええんりょう》博士が作った思索の公園だ。緑も多く、あれこれ眺めて散歩するには最適。高台の公園からはドーム型の野方配水塔の屋根が見え、そこだけが西洋風で面白い。

桜並木のバス通りを一五分ほど歩けば新井薬師前駅に着く。哲学堂公園に梅の花が咲き、歴史民俗資料館でおひなさま展が開催される二月下旬がおすすめ。

明治寺の百観音

冬の散歩道に小さな美術館をたずねて

新井薬師前駅→新井薬師→おもちゃ美術館→嫁菜の花美術館
【モデルコースタイム　1時間20分】

思索にはもってこいの散歩コース

野方駅→宮坂醸造→平和の森公園→歴史民俗資料館→哲学堂公園
【モデルコースタイム　45分】

新井薬師「梅照院」
新青梅街道
百観音
環七通り
←都立家政
野方
西武新宿線
長崎屋
みつわ通り
笑い地蔵
野方図書館
中野工高
変電所
宮坂醸造
目を煩っていた16のときにお参りに来ました。焼け野原に小さなお堂が一つ、ポツンと立っていたのを思い出します。
(68才) お礼参りに来た人
N
毎月30日はおみその日！
おみそ料理・おみそ汁の試食会や即売会があります
10:00～16:30
嫁菜の花美術館
休 月よう
tel 03-3387-7777
早稲田通り
野方警察署
高揚のラーメン作り
竹
哲学堂公園
ベンチ

鷺ノ宮・都立家政

さぎのみや・とりつかせい

鷺ノ宮から都立家政へ

駅前を流れる妙正寺《みょうしょうじ》川にかかる橋を渡り、幼稚園の塀に沿って右折する。すぐ右手に福蔵院があるので立ち寄ってみよう。門前には馬頭観音や石仏が並んでいる。

馬頭観音《ばとうかんのん》は馬頭観世音《ばとうかんぜおん》の略で頭上に馬頭冠をいただき、魔障《ましょう》を払い、慈悲を賜《たま》う神様。鎌倉時代に武家社会で馬頭観音信仰が流行し、江戸時代になると馬の神様として定着した。

農家の大切な働き手で、家族の一員として扱われた馬の安全を願って、馬頭観音はまつられている。山道や街道沿いに多く見られ、文字だけのものもある。

門を入ると、手入れが行き届いた境内に十三仏が並び、梅の香りがすがすがしい。十三仏は冥界《めいかい》で生前の審判を受ける死者の救済を願ってまつられている。

隣には鷺ノ宮の地名の由来ともなった鷺宮八幡神社がある。かつては鎮守の森があり、サギが群棲していたというが、今ではその面影はない。創設は古く、一〇六四年と伝えられる。明るい境内を入ると、溶岩を積み重ねた台の上から狛犬が出迎えてくれる。

元の道にもどり、再び妙正寺川沿いに歩き出す。コンクリートの川がどこまでも続き、遠くに中野サンプラザのビルが見える。うーん、あじけない……。流れいく水に感想を聞いてみたい。

鷺宮製作所の角まで行ったら左折して住宅街に入り、都立家政に向かおう。若宮小学校の先で小さな公園に出るのでひと休み。住宅地の中の小さな緑地にほっとする。

都立家政駅前の商店街をのぞいて帰ろう。

鷺宮八幡神社

石仏のある街を行く

鷺ノ宮駅→福蔵院→鷺宮八幡神社→妙正寺川
【モデルコースタイム　40分】

福蔵院
N
かしの木公園
仙蔵院
鷺ノ宮
下井草
都立家政
鷺宮八幡神社
福蔵院
鷺宮高
若宮小
家政銀座商店街
中杉通り
都営アパート
鷺宮製作所
妙正寺川
鷺宮八幡神社の力石(ちからいし)
なんと！この石は約206kg
この石は180kg
力石
大石
若者たちが力くらべに使った石を重量や姓名を刻んで奉納した。本来は神事儀礼でもあった。
うっ、うっ…

西武新宿線

上井草 ―――― **井荻・下井草** ―――― 鷺ノ宮

いおぎ・しもいぐさ

妙正寺公園から井草観音堂へ

街の中の小さなお花見スポットに行ってみよう。

井荻の駅から住宅地の中を南に歩き、早稲田通りを越えるとすぐ妙正寺《みょうしょうじ》公園だ。

樹木の多い公園には遊具もあり、子どもを連れた若いお母さんの姿が多い。目の前の妙正寺池では噴水が高く上がり、水鳥と共に散歩する人の目を楽しませてくれる。この池から流れ出しているのが妙正寺川。下流で神田川に合流している。

公園を出て、右手に見える面白い形の建物は杉並区立科学教育センター。プラネタリウムもあり、月一回天体観望会が開かれている。

川の両側は遊歩道として整備され、しだれ桜が植栽されている。まだ若くて細い木ながら、春にはうすいピンクの花が風に揺れ、歩きながらのさわやかなお花見になるだろう。

遊歩道が終わったところで左に折れ、下井草の駅に向かう。途中、路地の奥に銀杏稲荷の小さな赤い鳥居が見える。すぐ隣の公園でひと休みしたら、瓦屋、畳屋、銭湯などがあるバス通りを駅へ。

井荻駅寄りの踏切を渡ると、左手にあるのが井草観音堂。

畳敷きのお堂には如意輪観音《にょいりんかんのん》と地蔵菩薩《じぞうぼさつ》が安置されている。頬《ほお》づえをついた優しそうな観音様だ。きれいに磨かれたガスストーブが置いてあるお堂では、商店街の集まりや時にはカラオケの会もあるという。観音様とお地蔵様に見守られて相談したり歌ったり……なんだかいいではありませんか。

知らない街での一時間散歩。いかがです?

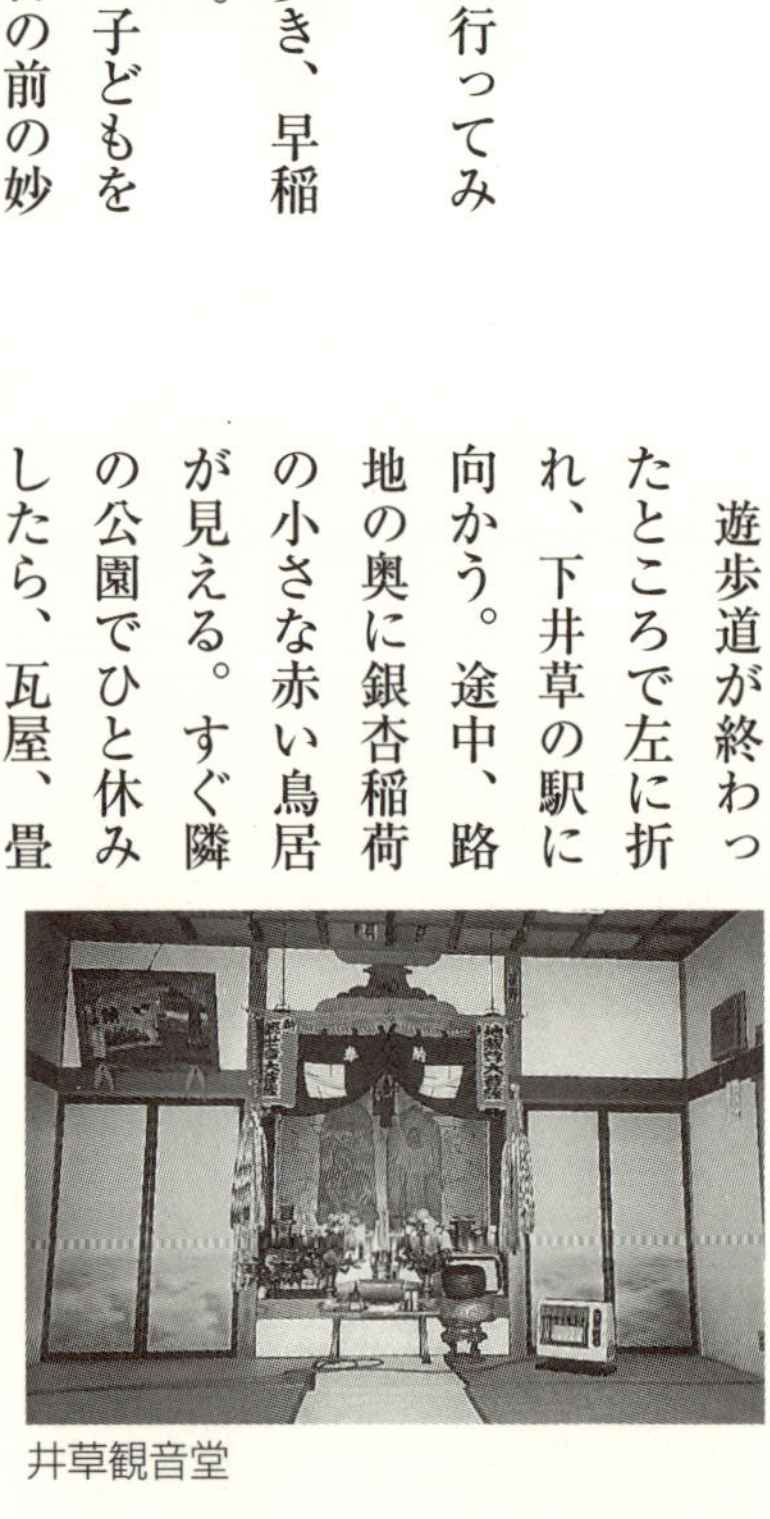

井草観音堂

西武沿線のプラネタリウム、銭湯、観音様

井荻駅→妙正寺公園→科学教育センター→井草観音堂
【モデルコースタイム　1時間】

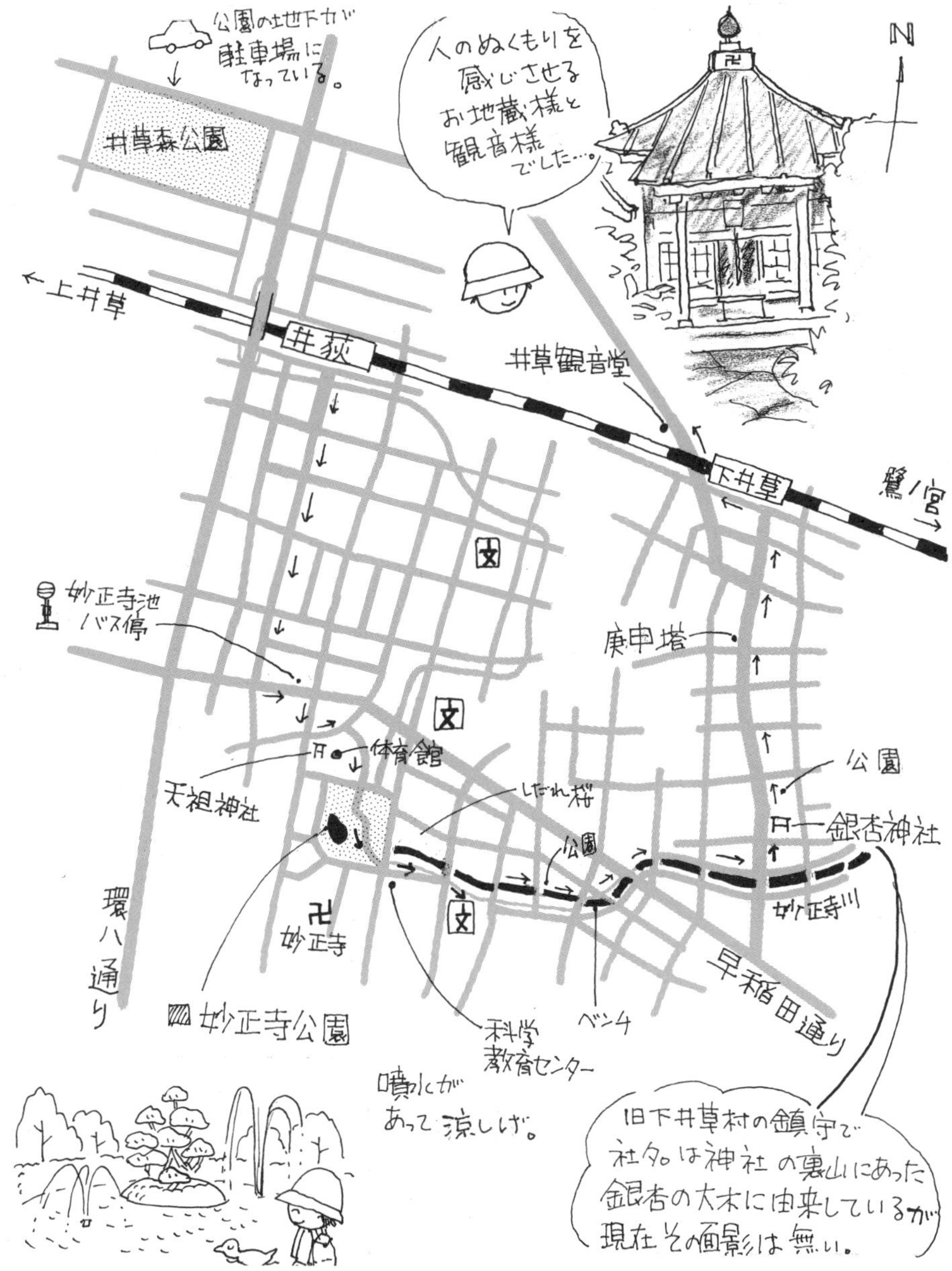

上石神井・上井草

かみしゃくじい・かみいぐさ

千川上水から善福寺公園へ

上石神井駅前の小さな商店街を抜けて、善福寺《ぜんぷくじ》公園に向かう。暗きょを流れる千川上水の上が小さな緑地になっているので、そこを通り抜けるとケヤキ並木の青梅街道に出る。

車の往来が激しい通りを右に折れて、少し行くと歩道橋の先にかんかん地蔵がある。願い事をする時にお地蔵様の足元を石でカンカンとたたくのでそんな名前がついているが、今では足元がすりへってしまいセメントで補修されている。

歩道橋を渡って新宿方面に少しもどり、右手に入ると静かな住宅地が広がっている。ゆるい坂道の上に立つと、木の間越しに水面が光って見え、鳥の声も聞こえる。

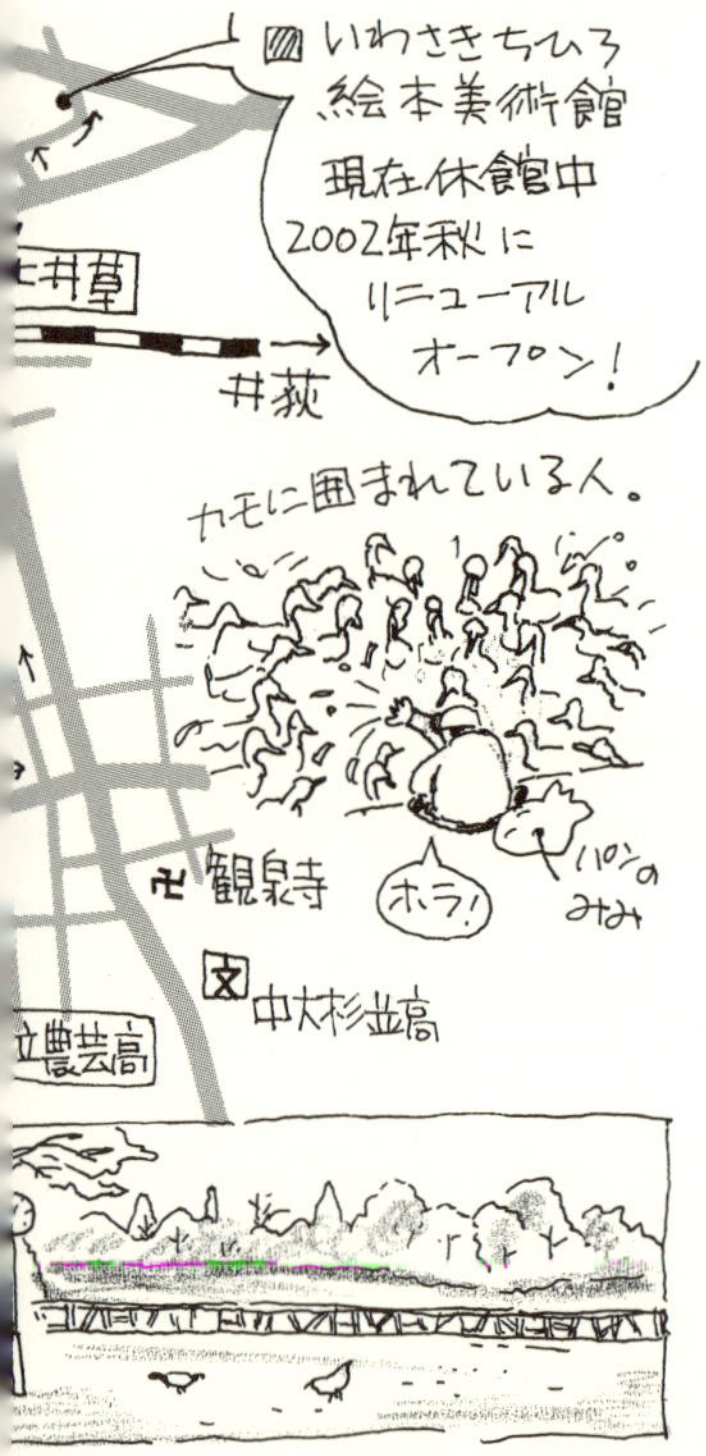

善福寺公園は緑に囲まれた明るい公園だ。池には水鳥の姿も多く、水辺で鳥にえさをやる人や、スケッチブックを広げる人もいる。閑静な住宅地の中にあるせいか、落ち着いた静かな雰囲気がある。

池のほとりにある遅野井《おそのい》は源《みなもとの》頼朝《よりとも》が奥州遠征の折、干ばつにあい、水を求めて自ら弓で地面を掘ったが、なかなか水が湧き出ず、「遅い、遅い」と待ちあぐねたという言い伝えによるもの。

近くの井草八幡宮には頼朝が自らの手で植えたという黒松がそびえていたが昭和四十八年に枯れてしまい、今ではついたてになって

晩秋の善福寺公園にカモとたわむる

上石神井駅→千川上水→善福寺公園→井草八幡宮
【モデルコースタイム　2時間10分】

善福寺公園

神社の中にひっそりと置かれている。
　井草八幡宮から再び青梅街道を横切り、農芸高校付近を左折すれば上井草駅に出る。
　いわさきちひろ絵本美術館が近いが、残念ながら今は休館中。二〇〇二年秋のリニューアルオープンが楽しみだ。

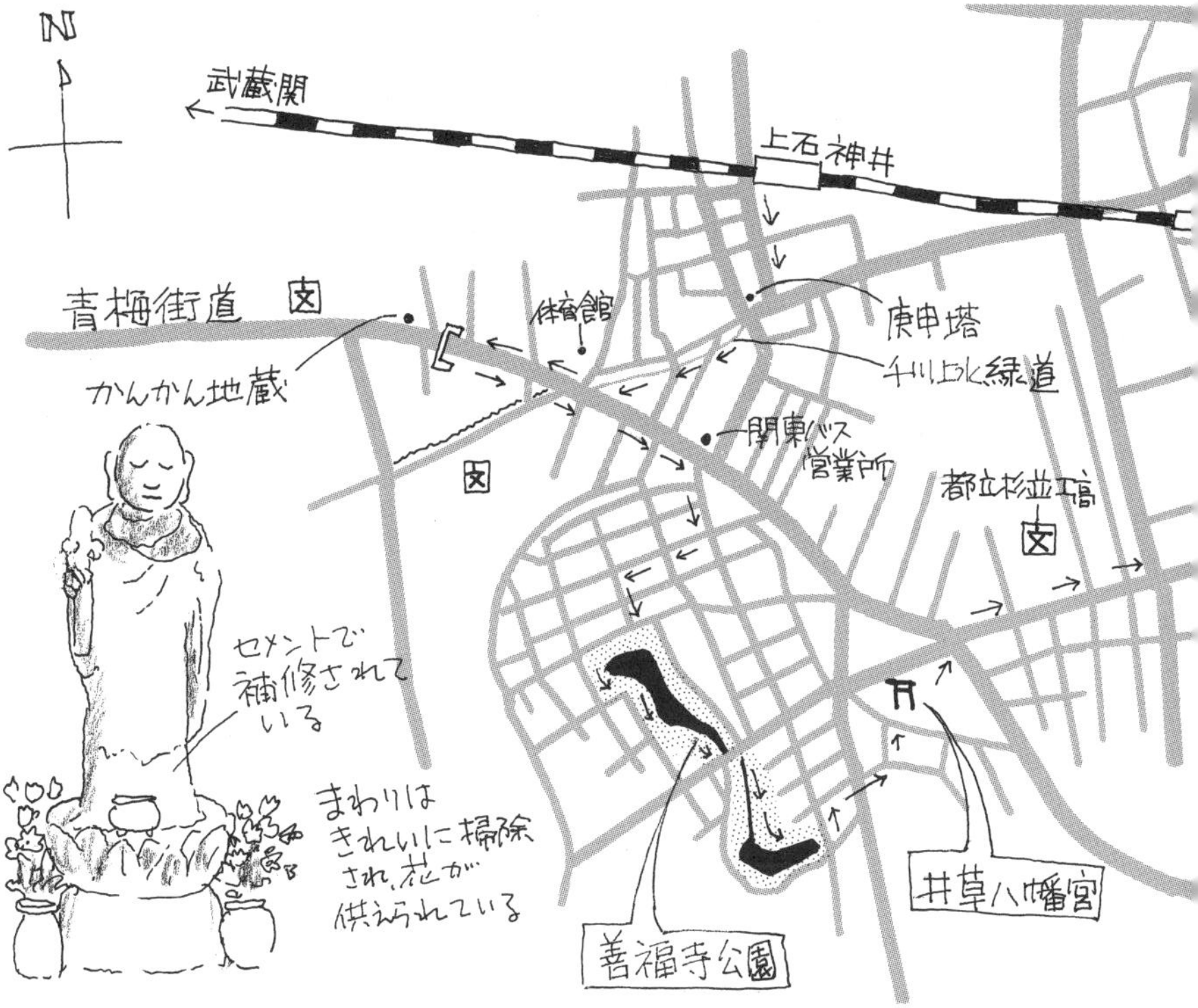

西武新宿線

東伏見 ‐‐‐‐ **武蔵関** ‐‐‐‐ 上石神井

むさしせき

関のボロ市に行く

「武蔵関といえば何でしょう?」知り合いにたずねてみると、「それはやはり、関のボロ市でしょう」という答えが返ってきた。毎年、十二月九日と十日に駅前本立寺《ほんりゅうじ》の門前に立つ市のことだという。

「うーむ、これは日にち限定のお散歩しかないでしょう」

カレンダーに印をつけ、その日を待つこと数か月。いよいよお散歩の日がやってきた。

わくわくしながら駅の階段を下りると、すでにそこには露店が軒を並べ、狭い通りは人であふれている。たこやき、やきそばなどの食べ物の店が多いが、ほかにも植木、骨董、生活雑貨などが並び、季節柄、神棚などの店も出ている。

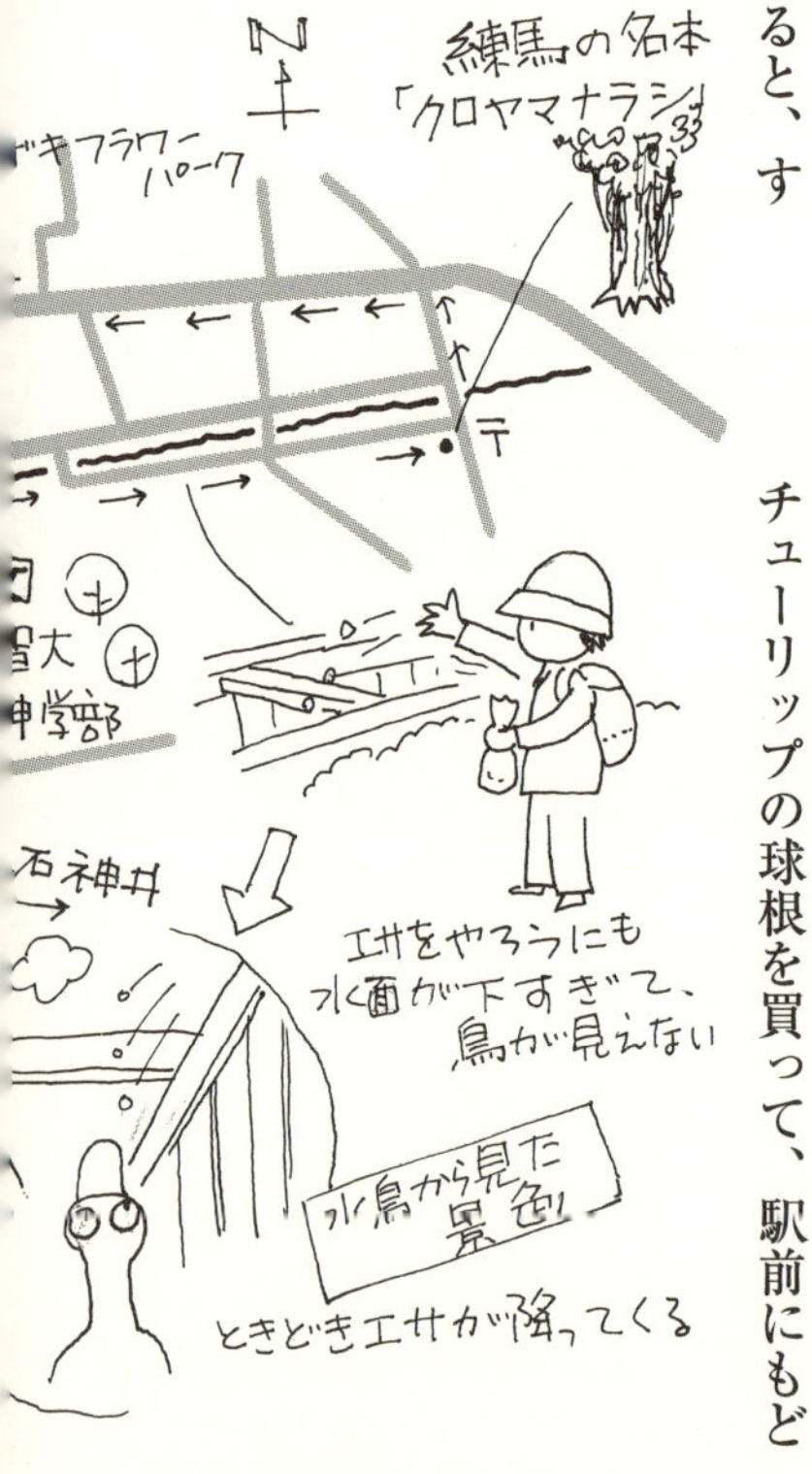

本立寺の立派な本堂にお参りして、一軒、一軒のぞいて歩こう。今年は三百八店が出店していたそうだが、全部歩いてみると最近の露店事情というものも伝わってきて面白い。

ボロ市をひとまわりして今度は神学院に向かった。うってかわった静けさ。石神井川沿いに桜並木の下を歩き、突き当たりを左折して青梅街道に出る。

街道沿いの園芸店「オザキフラワーパーク」は品揃えが豊富で花の好きな人なら何時間いても飽きることはない。疲れたら店内に喫茶店もあるので休んでいこう。

チューリップの球根を買って、駅前にもど

露店にワクワクお散歩

駅→本立寺→石神井川
【モデルコースタイム　50分】

山吹てっぽうを売っているおじさん

ってみると、露店には裸電球がこうこうと灯り、さっきより人が多くなった通りには、おなじみのソースのにおいが漂っている。

人のざわめきと物を売る声、あやしげなクジを引く子どもの真剣な目つき。いくつになってもこの雰囲気はいい。

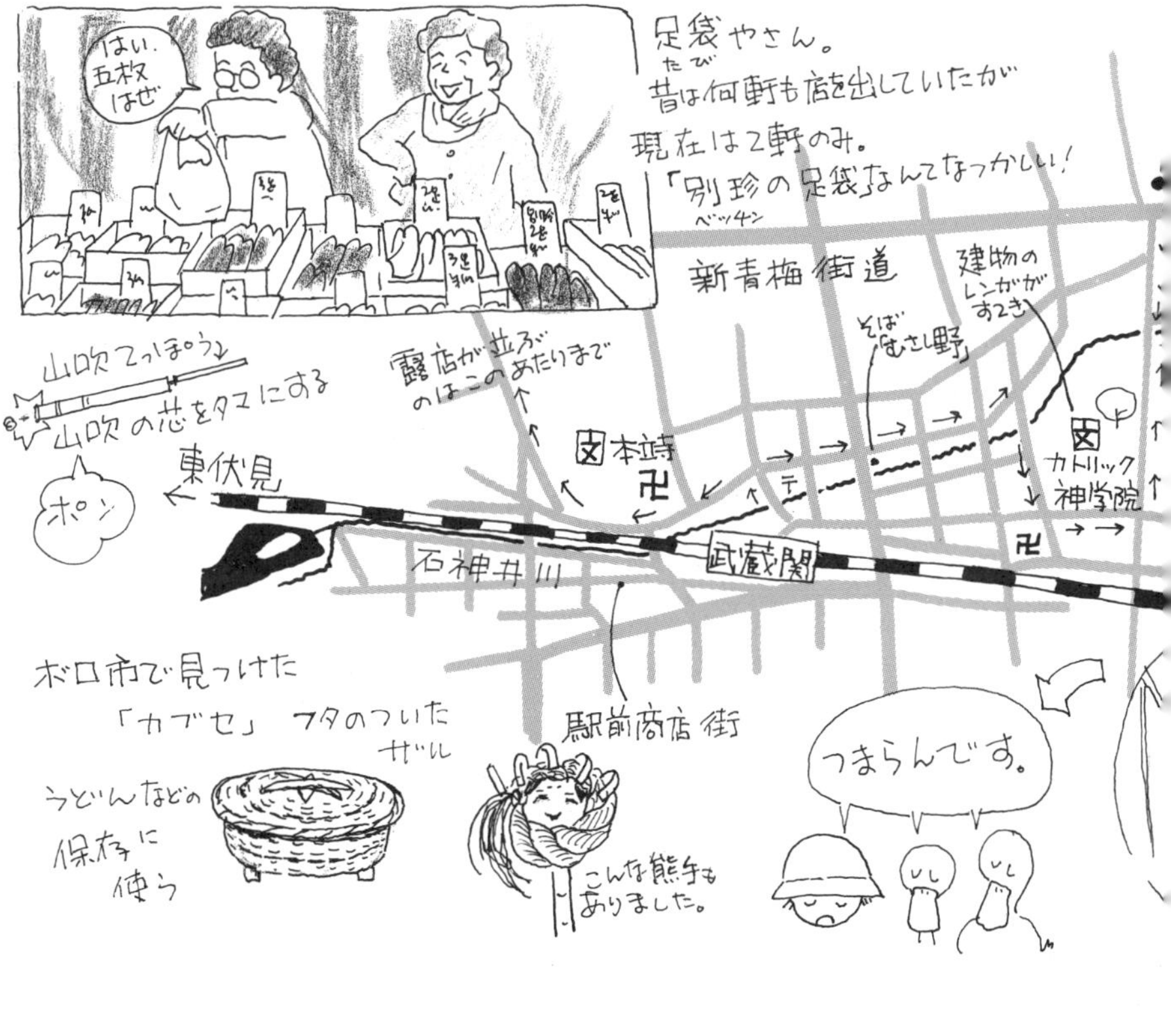

西武新宿線

西武柳沢 ---- **東伏見** ---- 武蔵関

東伏見

ひがしふしみ

東伏見稲荷神社から武蔵関公園へ

駅前に立つと、朱色の鳥居がドーンと目に入ってくる。

堂々とした鳥居には似合わない、さりげない道を線路沿いに少し歩いて二つ目の鳥居をくぐると桜並木の参道に小さな商店が並んでいた。

さらに歩いて裏参道入口の看板の横を通り、表にまわるとギョッとするほど大きな鳥居の下に出る。左右に並ぶお狐さんの間の石段を上がれば、松林を背にした東伏見《ひがしふしみ》稲荷《いなり》神社のあざやかな朱色がまぶしい。

ここでは社殿《しゃでん》の後ろの塚めぐりがおすすめだ。赤い鳥居がぎっしりと並び、うす暗い中にお狐さんの白い顔が浮かぶ不思議空間、ひとまわりして明るい境内にもどると思わずホッとする。

神社を出たら、東伏見小学校の横を歩いていく。

小さな坂を登れば少し高台の住宅地に出る。畑のあるところまでくると、早稲田大学グラウンドの方から吹いてくる風がちょっと気持ちよい。このコースは早大グラウンドを大きく一周することになる。

東伏見神社

もう少し足を進めて武蔵関公園の中に入ってみよう。バードウォッチングをする人、ボートに乗る人、それぞれがのんびりと時間を過ごしている。

時折、すぐ横を通る電車の音が、いかにも駅前の公園らしく面白い。夏には木陰が多くてひと休みするのにちょうどよい。

水辺のベンチでゆっくりと休んでから東伏見の駅にもどろう。駅は、目と鼻の先だ。

赤い鳥居とお狐さんの不思議空間

駅→東伏見稲荷神社→武蔵関公園
【モデルコースタイム　1時間】

田無 ━━━━

西武柳沢

━━━━ 東伏見

せいぶやぎさわ

千川上水から武蔵野中央公園へ

噴水のある駅前の広場から大きなガスタンクを目指して坂道を下っていくと、青梅街道に突き当たる。このあたりは街道沿いにラーメン屋さんが何軒もあって昼時の散歩にはまさにぴったりのコースだ。

さっそく近くの店に入ってラーメンを食べていると、面白い張り紙が目についた。

「三〇分以内にジャンボラーメン二杯を食べきれれば賞金五万円」

店内には見事食べきった人の賞状が貼ってあり、ひょっとして私にも⁉という気になる。ただし、めんは八食分でスープも残さないのが条件とのこと。これはちょっと無理。

おなかがいっぱいになったところで、腹ごなしに歩き始めよう。石神井川を渡り、車の少ないのぼり道をのんびりいくと千川上水に出る。流れに沿って歩いていく。

上水をはさんで大きな通りと平行しているが、樹木があるせいかそれほどうるさい感じがしない。

十字路に出たら右に行けば武蔵野中央公園。昔、中島飛行機工場があったところで、戦時中は激しい空襲にあい、多くの犠牲者を出している。その後米軍の住宅が建てられたが、現在は市民の声を取り入れたはらっぱの公園になっている。凧《たこ》上《あ》げや模型飛行機を飛ばせる数少ない公園なので、子ども連れで来ると楽しめる。

公園を出たら坂道を下って、先ほどの青梅街道を横切り、伏見稲荷の横を通って西武柳沢駅までもどろう。

冬休みの一日、家族揃ってはらぺこで散歩に出掛けよう!

目印にもなるガスタンク

家族揃ってはらぺこで!?

駅→石神井川→千川上水→武蔵野中央公園
【モデルコースタイム　1時間10分】

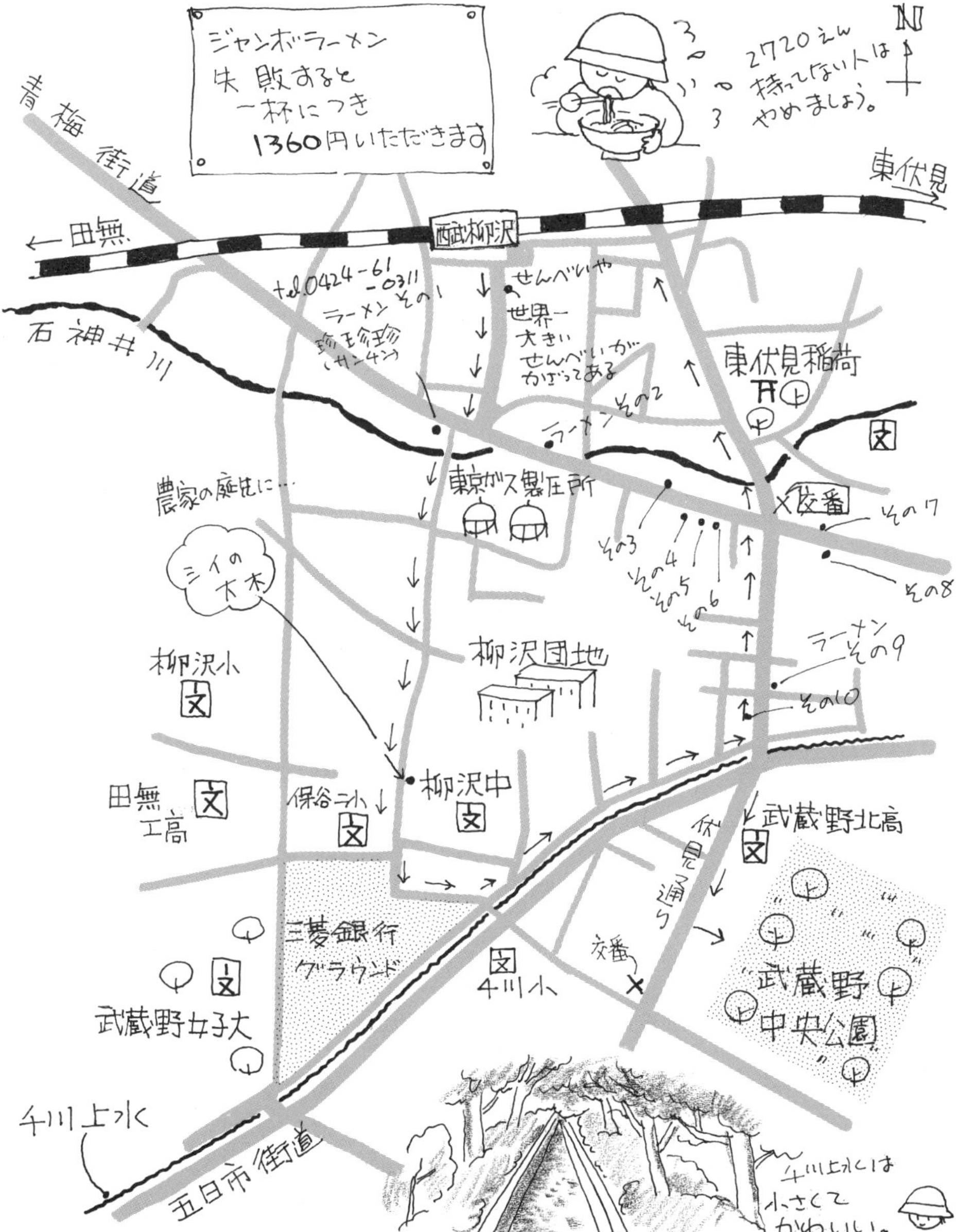

花小金井 ---- **田無** ---- 西武柳沢

たなし

東京大学大学院の演習林と農場を歩く

田無は青梅街道の宿場町として開けた街だ。家康《いえやす》が江戸城を築くために必要な石灰を青梅地方から運ぶために作られたこの道路は、甲州まで通じて別名甲州裏街道とも呼ばれたという。

駅前には建築中のマンションや大きなビルが目立つが、街道沿いの商店街にはまだまだ蔵造りの商家が残っている。中には思わず足を止めて見入ってしまうような、歴史といわないまでも時代を感じる建物もあり、どこかなつかしい。

街中の史跡を見ながら青梅街道を横切り、田無神社の参道に入ってみよう。

神社の本殿は江戸期を代表する神社様式で、特に彫刻装飾が美しい。江戸神田の名工、嶋村俊表《しまむらしゅんぴょう》の一八六〇年の作。境内には子ども相撲の立派な土俵があり、参道では毎月骨とう市が開かれている。(毎月第一土曜日)。

神社を出たら、新東京百景に選ばれた総持《そうじ》寺《じ》の前を通り、東大大学院付属の演習林と農場を見学していこう。

それぞれの事務所でノートに名前を記入すれば自由に見学できる。ポプラの木がそびえ、牧草地に牛が遊ぶ農場や、樹名板をたよりにいろいろな木に出会える演習林の散歩は、大人から子どもまで楽しめるおすすめのコース。平日だけの開放が残念だ。

演習林側の門から所沢街道に出ると、石撞《せきどう》

牧草地で牛と空を見上げる。ここは北海道？

駅→田無神社→東大大学院付属演習林→石撞六角地蔵
【モデルコースタイム　1時間30分】

総持寺

六角地蔵がある。江戸時代に建立されたもので、六面それぞれに江戸みち、所沢みちなど道路名が刻んである。旅人の道中の無事を祈る道しるべのお地蔵様だ。

遠くに田無タワーを見ながら団地の横を通り、新青梅街道を横切って田無駅にもどる。

※「西東京市」という名前もだいぶ耳に馴染んできました。
東京大学演習林入口
雨だった。
トラクター練習場
農場にはタヌキが住んでいるそうです。ホント。
イノシシもいるというウワサが…
足あとがあったそうです
ボクは見ていないけど…
西原団地
六角地蔵
休 土・日・祝
東京大学農場入口
右江戸みち
場所を移したとき方向を逆にしてしまった…実は左！
気がついたらなおせばいいのに。
ムクロジのおそなえが
手打ちとんかつ
……？
手打ちになったブタ？
文
すっぽん
新青梅街道
こんなお店が…
老人ホーム
おじぞうさま
この小道に入る
田無警察
古い街並
とうふ
青梅街道
観音寺
アスタビル
建築中の高層マンションとなりに並ぶ古い商店街そのまたうしろに土蔵の壁が
田無は古くて新しい街でした
宿場町だったのさ
田無
花小金井

西武新宿線

小平 ----- **花小金井《はなこがねい》** ----- 田無

サイクリングロードを萩山へ

春、花小金井駅を通過すると駅前の桜並木が目につく。これは多摩湖と境浄水場をむすぶ地下水路の上に作られた、全長一〇・二kmの多摩湖自転車道だ。その名も優しい花小金井駅前から萩山まで、お花見気分で歩いてみよう。

コースはほぼ一直線で起伏もない単調な散歩道だが、春には桜の花のトンネルとなり、散歩する人の姿も多い。

小さな子ども連れがシートを広げているたけのこ公園では、西武線の電車がすぐそばを通って子どもたちを喜ばせている。

その先にある小平ふるさと村には、古文書を元に復元した開拓時の住居や、新田農家、大正末期の郵便局舎などが移築されている。

正面右手、シラカシの高垣がある旧神山家住宅主屋のいろりには、防虫のため一年中火がともり、入ってみると、そのぬくもりにほっとする。

この小平ふるさと村では、農業体験や節分などのなつかしい行事、おひなさまの展示など一年を通して企画があり、多くの人が訪れている。黒光りした板戸を見て、昔を思い出す人も多いだろう。

さらに進むと左手にアジサイ公園を見て、小平駅前に出る。高校が何校もあるので学生の姿が目立つ。

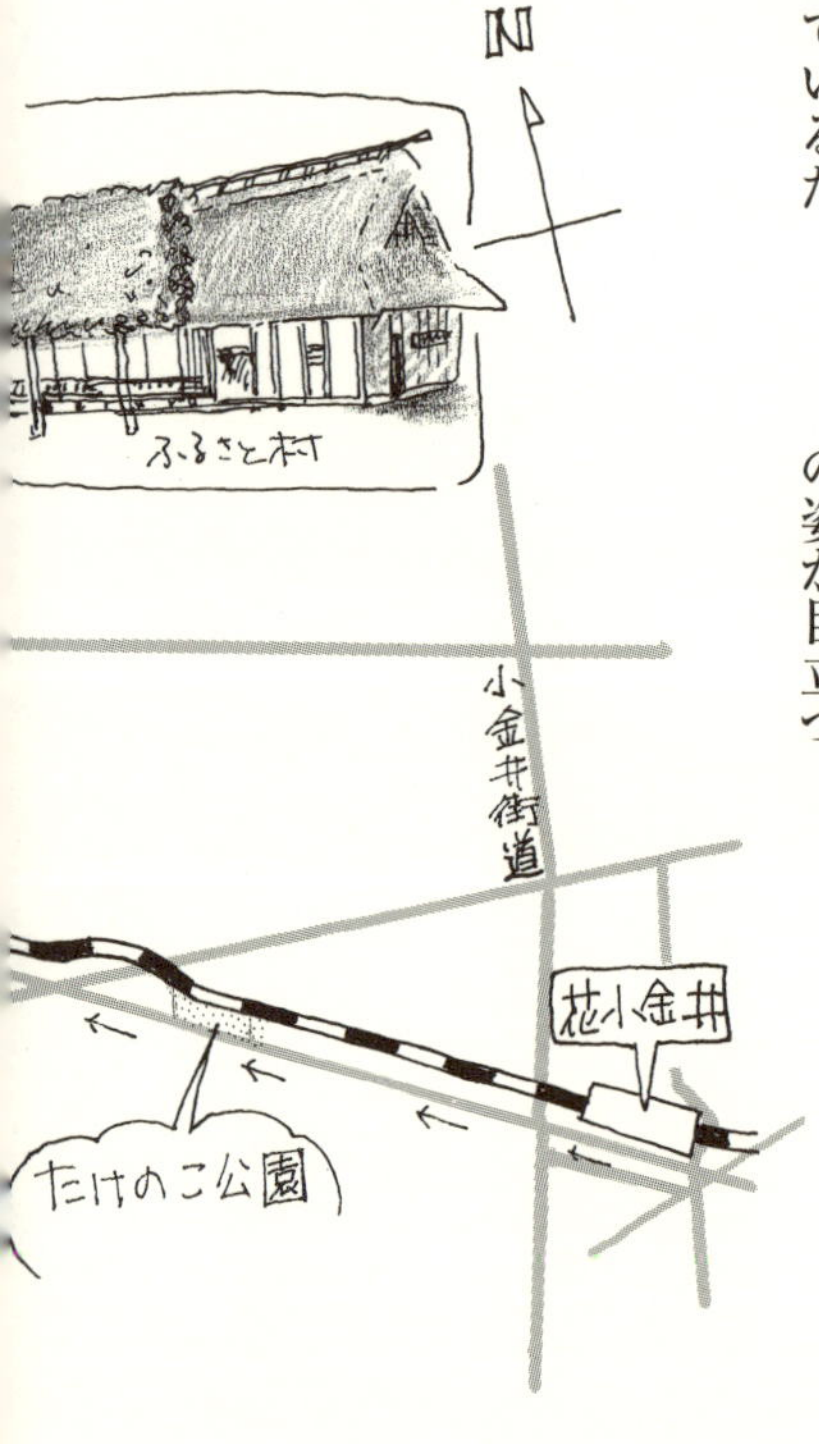

ふるさと村で、いろりのぬくもりを思い出したり

駅→多摩湖自転車道→小平ふるさと村→アジサイ公園
【モデルコースタイム　1時間15分】

春のサイクリングロード

駅を過ぎると急に人の姿が少なくなるが、左右がひらけて道は明るくなる。

途中に踏切もあったりしてなかなかのどかでいい散歩道だ。

花小金井駅から約三・六kmで高層住宅の立ち並ぶ萩山の駅前に着く。

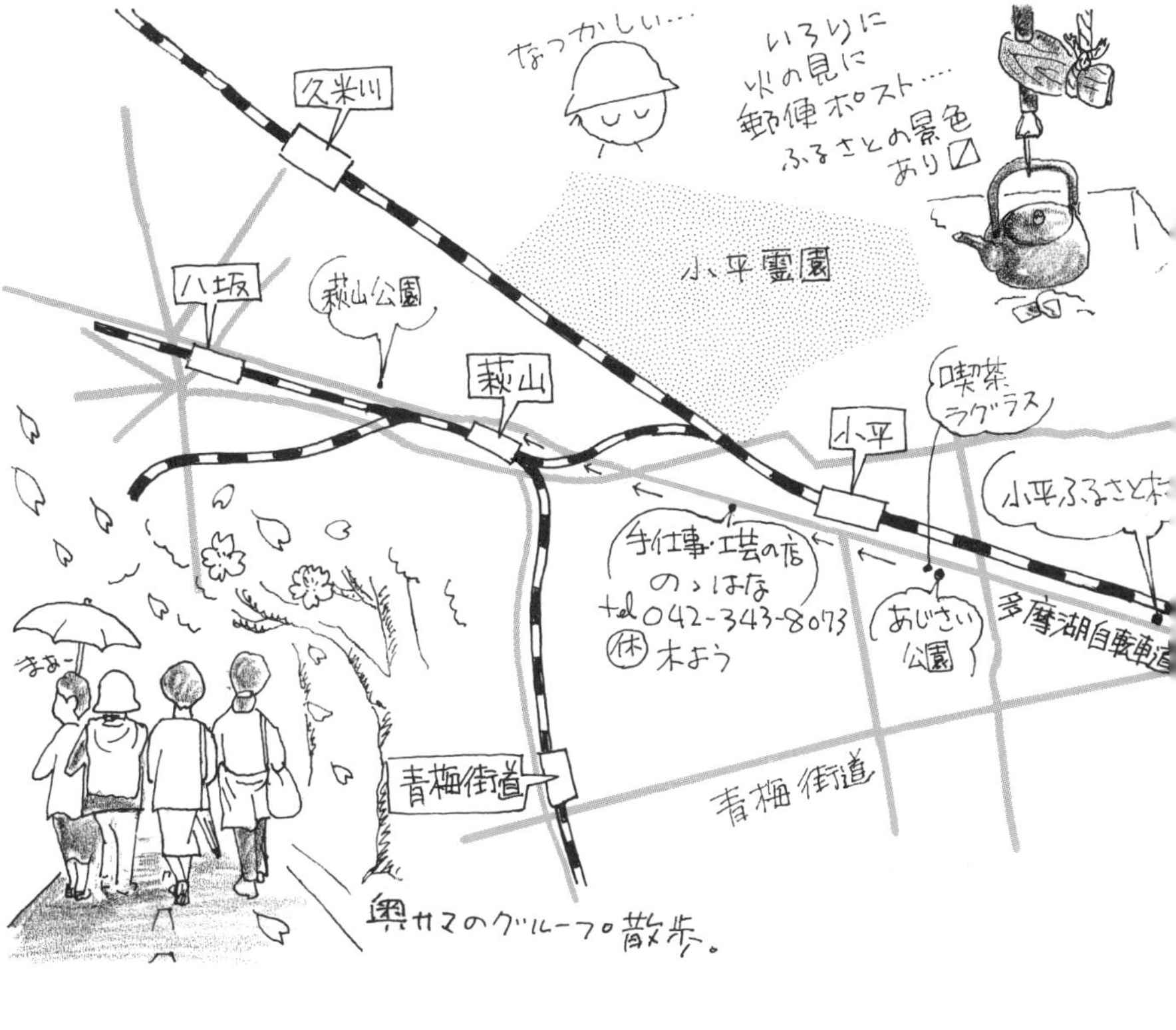

西武新宿線

久米川 ― 小平 ― 花小金井

小平

こだいら

小平霊園から野崎美術館へ

連日三〇度を超える真夏日が続いている。こんな夏のお散歩は……どこに行ったらいいだろう？ うーん、夏、夏といえば怪談、怪談といえば墓場、墓場といえば小平霊園……。

というわけで、駅から三分の小平霊園に行くことに決定。管理事務所の受付で、著名人の墓がわかる地図をもらい、Ｔさんと共に歩き出す。あたりには人影もなく、広々とした墓地には手入れされた樹木が整然と並び、まるで公園のようだ。想像してきた墓場とはだいぶ違う。さながら、官公庁街の昼下がりといったところ。

地図を片手に迷路のような墓地を歩きまわるが、目指すところにはなかなかたどり着けない。

「もぉー暑くてダメ！ このままじゃ私らもあの世行きだよぉー」「ねえー、死んだらどんなお墓がいい？」「私あんなのがいいなぁー」「えぇー？ あれはちょっと、私だったらねぇ……」

夢があるようなないような。

小川未明《おがわみめい》、野口《のぐち》雨情《うじょう》、壺井栄《つぼいさかえ》の墓をかろうじて確認、手を合わせて一礼。フラフラの足で出口に向かうことにした。

北門そばの小さな窪地から黒目川が始まっているというので寄っていく。林の中には小川の跡らしきものはあるものの、この暑さで水は干上がって小道のよう。ふと足元に目をやると、薄暗い林の中一面に、藤色の花がひっそりと咲いていて思わず息をのんだ。

北門を出たら、野崎美術館でひと休み。青梅街道沿いのガス資料館を見て帰ろう。

ガス資料館

公園？　官庁街の昼下がり？　いえいえ……

駅→小平霊園→野崎美術館→ガス資料館
【モデルコースタイム　2時間15分】

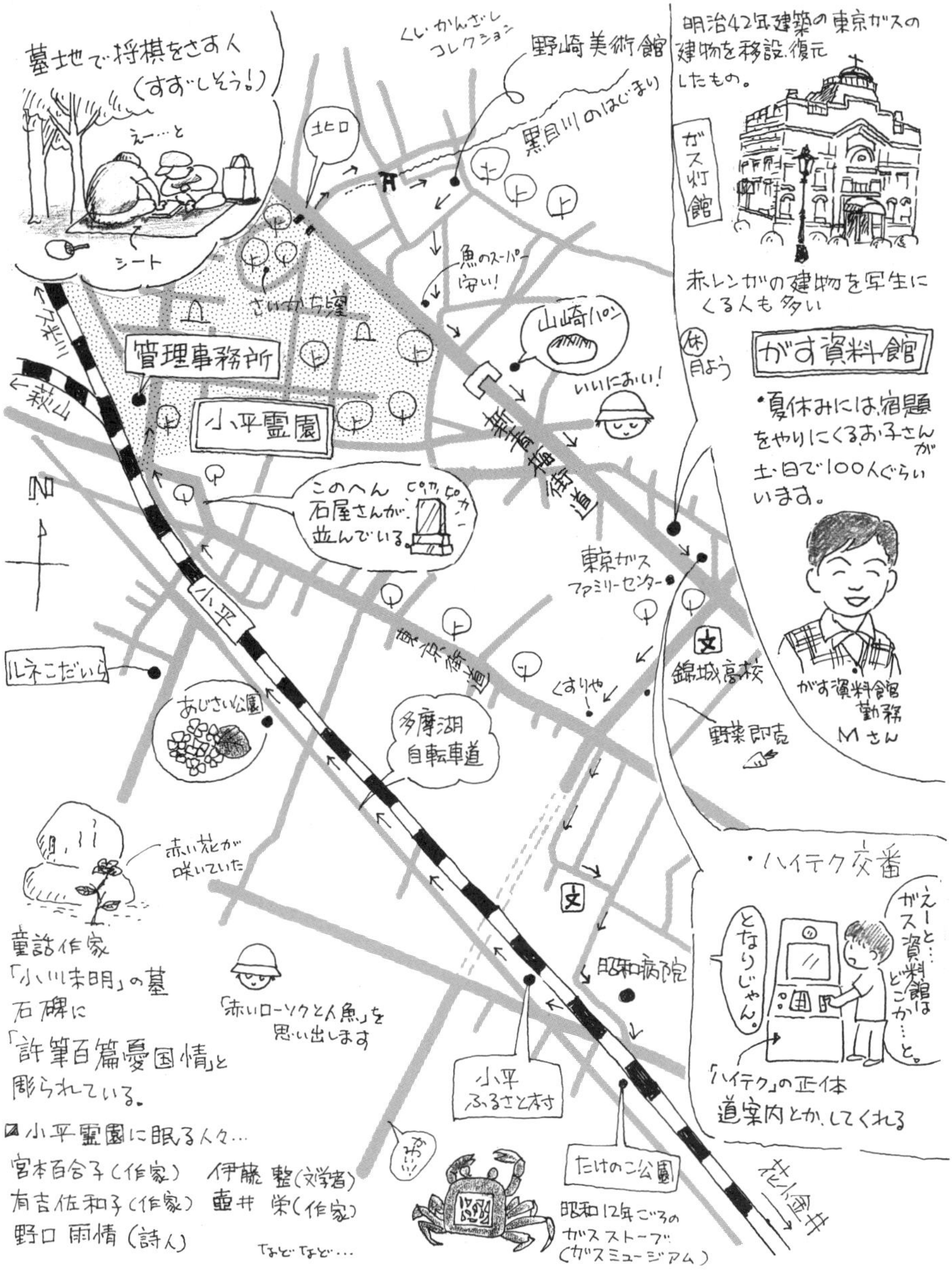
墓地で将棋をさす人（すずしそう！）
えー…と
シート
北口
くしかんざしコレクション
野崎美術館
黒目川のはじまり
明治42年建築の東京ガスの建物を移設復元したもの。
ガス灯館
赤レンガの建物を写生にくる人も多い
魚のスーパー 安い！
さいかち窪
管理事務所
小平霊園
山崎パン
いいにおい！
新青梅街道
休 月よう
がす資料館
・夏休みには宿題をやりにくるお子さんが土・日で100人ぐらいいます。
萩山
久米川
N
このへん石屋さんが並んでいる。
ピカピカ
東京ガスファミリーセンター
小平
ルネこだいら
くすりや
文
錦城高校
がす資料館勤務 Mさん
あじさい公園
多摩湖自転車道
野菜即売
赤い花が咲いていた
童話作家「小川未明」の墓石碑に「許筆百篇憂国情」と彫られている。
・ハイテク交番
えーと…ガス資料館はどこか…と。
となりじゃん。
「ハイテク」の正体 道案内とか、してくれる
昭和病院
「赤いローソクと人魚」を思い出します
小平ふるさと村
たけのこ公園
昭和10年ごろのガスストーブ（ガスミュージアム）
花小金井
小平霊園に眠る人々…
宮本百合子（作家）　伊藤整（文学者）
有吉佐和子（作家）　壷井栄（作家）
野口雨情（詩人）
などなど…

西武新宿線

東村山 ‐‐‐‐ # 久米川 ‐‐‐‐ 小平

くめがわ

空堀川から野火止用水へ

久米川駅の北口から新青梅街道を横切り、空堀川《からぼりがわ》沿いの道に入る。

川の向こうには高層マンションが立ち並んでいるが、ここから先の川沿いはまだまだのんびりした住宅地だ。

水量こそ少ないが、カモが遊び、釣りを楽しんでいる人もいる。下流にしばらく歩くと左手に果樹園の看板が見える、橋を渡ったところに即売所もあるのでのぞいてみよう。空堀川をあとに、野火止用水へ。

住宅地の中を歩いて万年橋のケヤキに向かう。流れをまたいで根を張っている大ケヤキだが、太い幹の一本が折れてしまったらしくて残念だ。水の流れをまたいで、片腕一本で排気ガスの中に立つ大ケヤキに、これ以上災いがふりかからないことを祈るばかり。

野火止用水沿いにある恩多野火止水車苑は、用水を利用した暮らしを伝えるために復元されたもの。あずまやもあってひと休みするにはちょうどよい。

すぐ先にある稲荷神社の境内に入ったら、キツネを見ていこう。

狛犬でもキツネでも神社によっていろいろな顔や姿をしているので、それを見くらべていくのもなかなか面白い。目を見開いて恐ろしげなものから、思わずなぜたくなるような可愛いものまでいろいろだ。ここのキツネはどこか笑っているようで女性的。

恩多野火止水車苑

ちなみに、お稲荷さんのキツネは神の使いで、このように特定の神様ゆかりの動物を眷属《けんぞく》という。狛犬は魔よけとして置かれ、神前から見て左が口をあけ、右が口を閉じている阿吽（あ・うん）の一対となっている。

隣接した公園から野火止用水沿いにもどり、新青梅街道を横切れば久米川の駅は近い。

水辺から水辺へ、橋から橋へ、用水をめぐる

駅→野火止用水→恩多野火止水車苑→稲荷神社
【モデルコースタイム　1時間20分】

西武新宿線

所沢 ―――― **東村山** ―――― 久米川

ひがしむらやま

正福寺から北山公園へ

駅から一〇分ほど歩くと正福寺《しょうふくじ》に着く。境内の千体地蔵堂は都内で唯一の国宝建築物。鎌倉の円覚寺舎利殿《えんかくじしゃりでん》と並ぶ禅宗建築《ぜんしゅうけんちく》で室町時代の建立とされている。

建築科の学生がよく見学に来るという建物は、こけらぶきの屋根の反りが美しく、簡素ながら品格が感じられる。

内部には一五～二〇㎝の小さな地蔵尊像《じぞうそんぞう》が文字通り千体近く安置されている。これは病気のときにここのお地蔵様を借りて枕元に置いて拝み、病気が治るとそのお礼にもう一体をそえてお返しした、という江戸時代の地蔵信仰によるもの。

内部は非公開だが、東村山ふるさと歴史館でその内部の様子を知ることができる。

寺を出て八国山《はちこくやま》に向かう。ふもとの北山公園ではレンゲの花が咲き、山は新緑で揺れていた。のどかな景色の真ん中をレモンイエローの電車が走り抜けていく。ここは六月になれば花菖蒲《はなしょうぶ》の名所でもある。

ひと休みして小学校の横から山道に入る。道の両側には雑木林が続き、子連れなら歌の一つでも出ようかというところ。

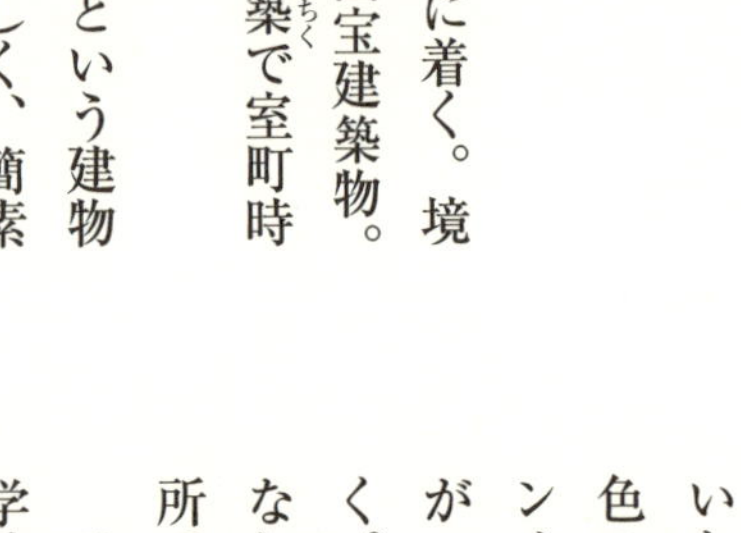
正福寺地蔵堂

そういえばこの八国山のふもとにある東京白十字病院は、『となりのトトロ』のお母さんが入院していた病院のモデルになっていたという。メイとサツキを自転車に乗せて、木の根まじりの道を病院へ向かうお父さんのシーンを思い出す。

新田義貞《にったよしさだ》ゆかりの将軍塚を左に見て、いまや住宅地の中となった久米川《くめがわ》古戦場跡へと降りていく。東村山ふるさと歴史館が近い。

レンゲの花咲くトトロの地元

駅→正福寺→北山公園→久米川古戦場
【モデルコースタイム　1時間45分】

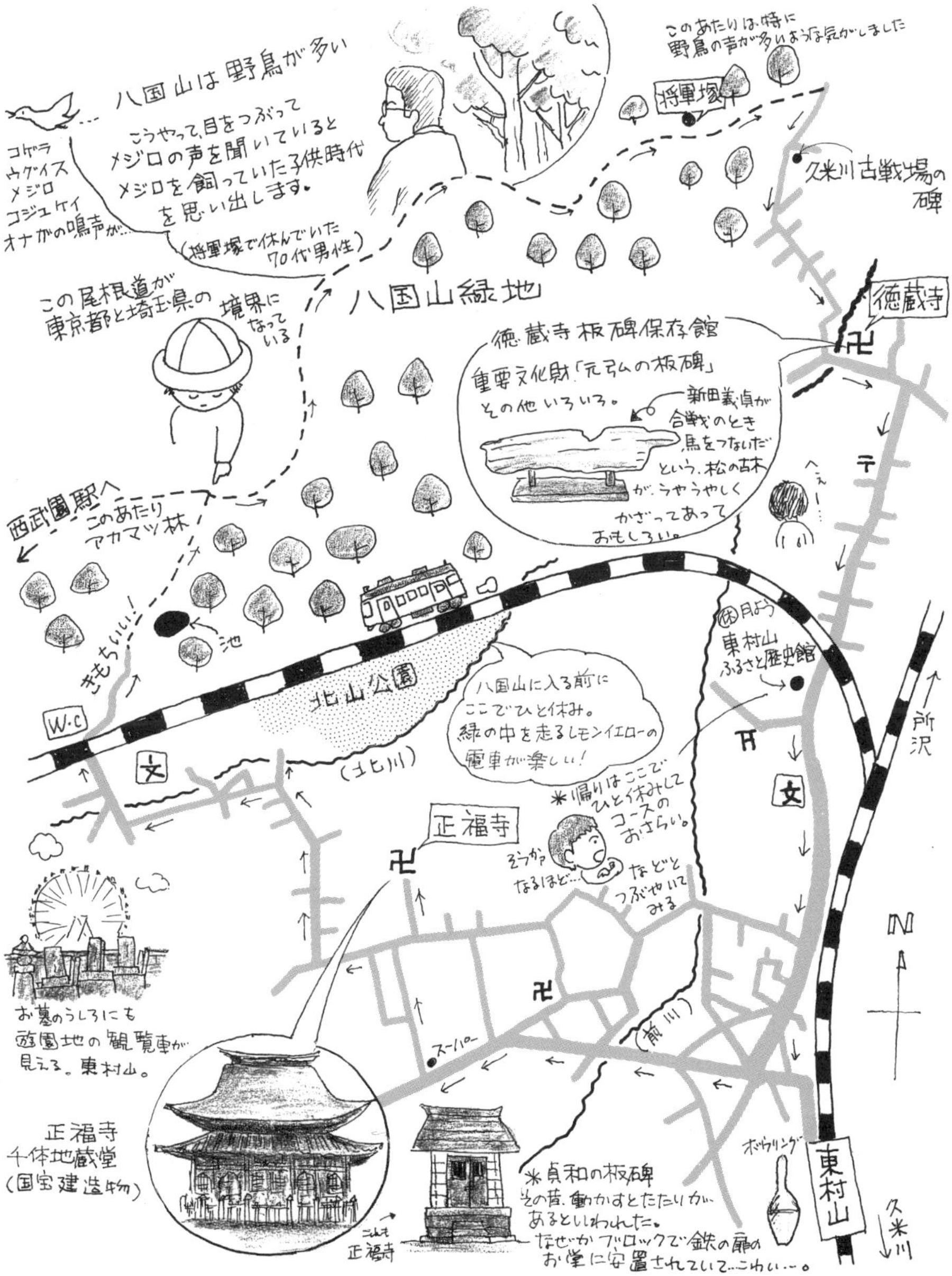

西武新宿線

新所沢 ---- **航空公園** ---- 所沢

航空公園

こうくうこうえん

桜の東川沿いをあるく

航空発祥の地として知られる所沢には、航空機をシンボルにした通りや、名前の付いた菓子が多い。

この地には明治四十四年、本邦初の飛行場が開かれ、アンリ・ファルマン機によって初飛行に成功。陸軍飛行場になった後、戦後は米軍基地に接収され、昭和四十六年に返還、公園としてオープンした。複葉機《ふくようき》をイメージした駅ビルの前には戦後初の国産中型旅客機・YS11が展示されている。

今日は、桜の花を見ながら長栄寺まで、東川沿いを散策する。東新井信号を渡ると東川桜並木の始まりだ。小さな川だが、両側から桜がかぶさり、春はとても見事である。

都市の緑陰として、川の空間は実にありがたい。左に熊野神社があり、鳥居に掛けられたワラの龍がユーモラス。

長栄寺には天井に届くような大きなえんま像がある。はりぼてのようだが、なんとうるし塗りで、江戸時代のものだ。お堂の隅には阿弥陀《あみだ》三尊像《さんぞんぞう》、この辺には稀な室町時代の優美な像である。簡素なお堂に西日が当たって、寺の人が「文化財を維持するのもなかなか大変である」と、迷惑そうに語るのも面白い。

寺を出て茶畑の手前を右に行くと、左手にお地蔵様。山で掘り出したお地蔵様を商店の人が守っている。

再びなか橋を渡って北上、けやき通りに出

日本一長いけやき並木
浦和↔所沢17Kmに
2,417本が
植えられている。
確かめてみよう
浦和所沢バイパス
東川
橋
長栄寺
じぞうさま
バアーン!!
長栄寺のえんま様

先は地獄か極楽か、えんま様と阿弥陀様に会いにいく

駅→東川→長栄寺→航空公園
【モデルコースタイム　2時間】

桜の東川

る。左に行くと航空公園。園内を散策して航空発祥記念館に寄ってみよう。実物の自衛隊機にも乗れたり、操縦席のシュミレーション等もあり、マニアにはたまらない。

　館のテラスで緑を眺めつつ、たそがれのなかで生ビールを楽しむのもよい。

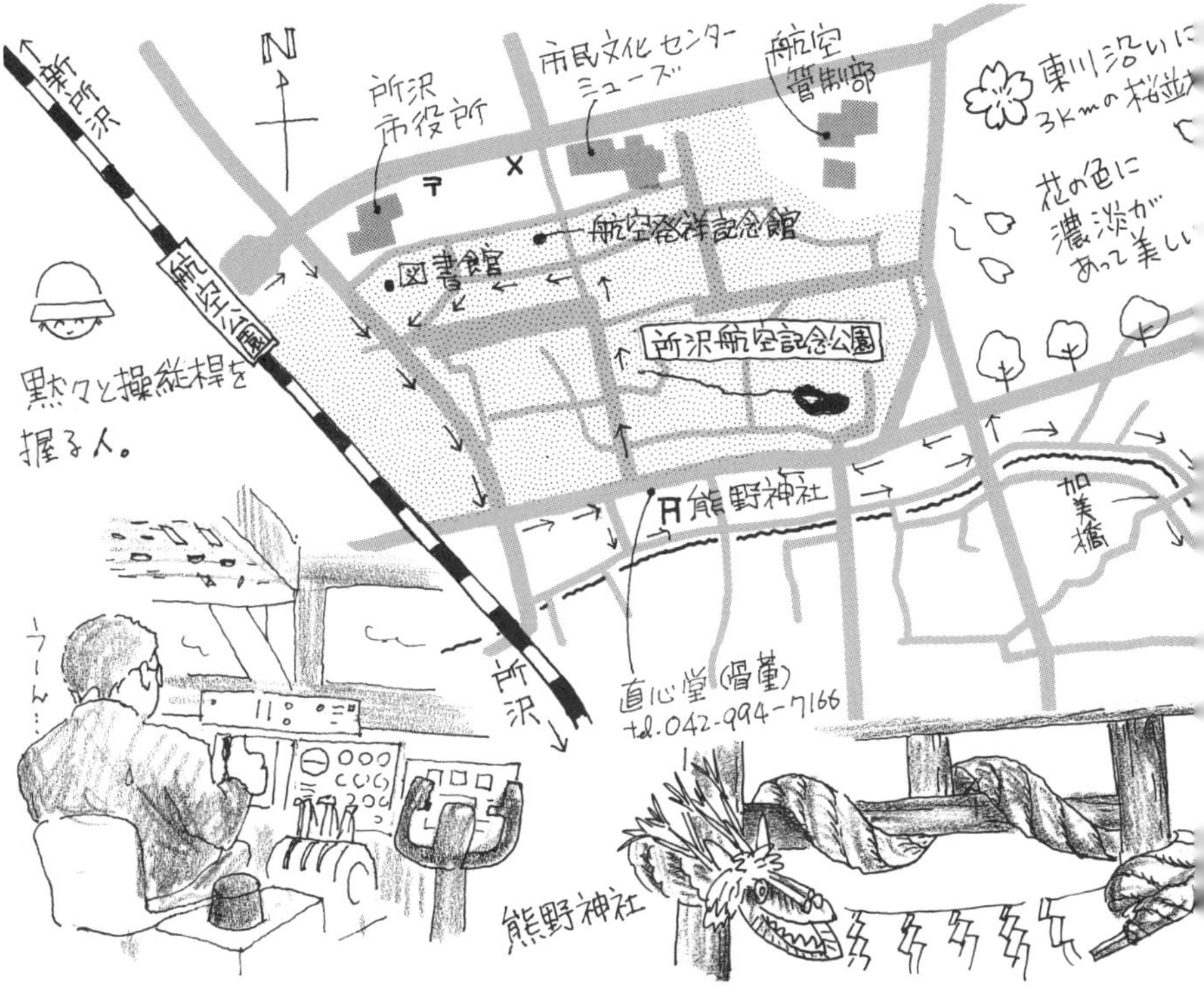
N
新所沢
所沢市役所
市民文化センター ミューズ
航空管制部
東川沿いに
3kmの
花の色に濃淡があって美しい
航空発祥記念館
図書館
航空公園
所沢航空記念公園
黙々と操縦桿を握る人。
熊野神社
加美橋
所沢
直心堂
tel.042-994-7166
うーん…
熊野神社

西武新宿線

入曽 ―――― **新所沢** ―――― 航空公園

しんところざわ

新田開発の三富地区から多福寺へ

駅ができ、団地ができて、林だったこの辺も住宅地となった。たかだか四十年前のことである。それより先、三百年も前に、川越城主柳沢吉保《やなぎさわよしやす》の新田開発により農地となった三富《さんとめ》地区を歩いてみる。

新所沢駅東口からニュータウン行きのバスに乗り、終点で下車する。進行方向二〇〇mで市立武道館前の交差点。左折してバイパスを渡り、中富小学校入り口の信号を左に入ると校庭の一角に穀倉があり、当時を伝えている。小学校の周りは短冊型《たんざくがた》の耕地で、これが三富開拓地割遺跡だ。

小学校の北はずれの農道をまっすぐ進む。日陰一つない。林に突き当たったら手前を右に曲がり、屋敷林の日陰をうねうねとたどる。再び突き当たったら左折すれば、多聞院《たもんいん》の前の道路に出る。

多聞院の寅の石像

多聞院には武田信玄《たけだしんげん》ゆかりの毘沙門堂《びしゃもんどう》がある。紅葉の木漏れ日が苔にはえて美しい。身代わり寅の土鈴《どれい》もあり、リストラからも身を守るとは寺の人の話である。

多聞院の脇を入ってすぐ、農家の庭先を入っていくと多福寺《たふくじ》への道があり、あたりには武蔵野の雑木林がよく残っている。この寺は開拓農民の菩提寺として建てられ、地蔵堂、山門、穀倉などがあり静かである。

帰りは多福寺前から所沢方面行きのバスがある。

興味のある方は日大芸術学部へまわり、図書館にあるマルセルジモンの彫像を見せてもらうとよい。フロンティア・スピリット、人間の精神の高貴さを感じる。

300年前の農地開発の名残をたどる歴史散歩

駅→ニュータウン→多聞院→多福寺
【モデルコースタイム　1時間50分】

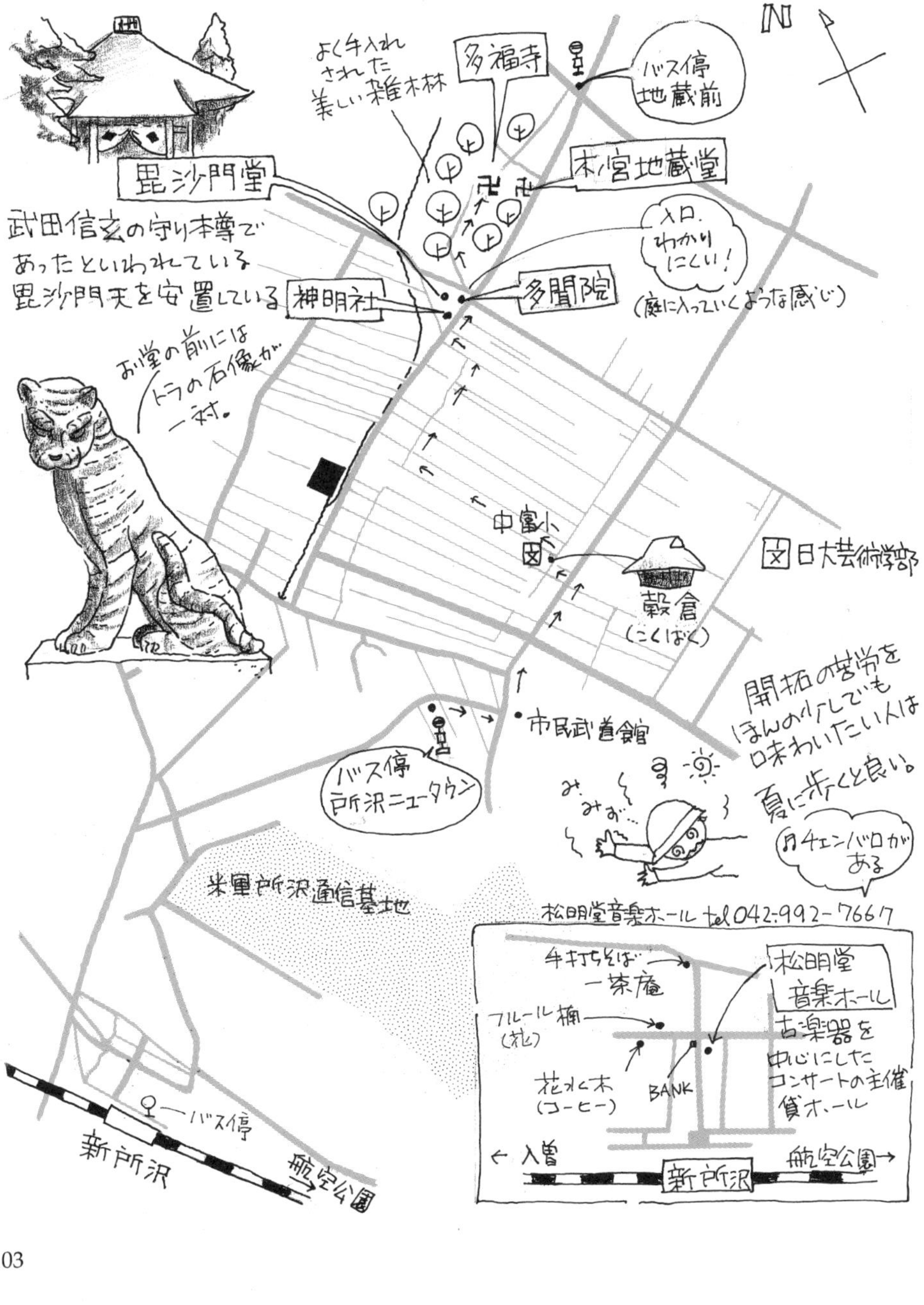

N
バス停 地蔵前
多福寺
よく手入れされた美しい雑木林
木ノ宮地蔵堂
毘沙門堂
武田信玄の守り本尊であったといわれている毘沙門天を安置している
入口わかりにくい!
神明社
多聞院
(庭に入っていくような感じ)
お堂の前にはトラの石像が一対。
中富小
日大芸術学部
穀倉(こくぐら)
開拓の苦労をほんの少しでも味わいたい人は夏に歩くと良い。
市民武道館
バス停 所沢ニュータウン
み… みず…
♪チェンバロがある
米軍所沢通信基地
松明堂音楽ホール tel 042-992-7667
手打ちそば 一茶庵
フルール楠(花)
花水木(コーヒー)
BANK
松明堂音楽ホール
古楽器を中心にしたコンサートの主催貸ホール
←入曽
航空公園→
新所沢
バス停
新所沢
航空公園

西武新宿線

狭山市 ― 入曽《いりそ》 ― 新所沢

狭山茶工場から堀兼神社へ

入曽駅の陸橋から外を眺めていると、どこからかほうじ茶の香りが漂ってきた。さすが、お茶の産地と感心して改札を出ると、目の前にお茶屋さんがある。

さっそく入ってみることにした。お茶だけでなく、茶そばや、抹茶クッキー、抹茶羊かん、左利き用急須なども置いてあって面白い。

駅前を左手に少し行くと、右手にあるのが狭山茶業農業協同組合の工場。お願いして中を見せてもらうと、おじさんがひとりでほうじ茶を作っていた。できあがったほうじ茶を見せてもらいながら、さっきの香りの元はこれかと納得。

唐招提寺《とうしょうだいじ》風の屋根を持つ金剛院《こんごういん》から、入曽の獅子舞の記念碑が建つ入間野《いるまの》神社へ。そして平安時代に掘られたと推定される、すりばち状の井戸、七曲井《ななまがりのい》の遺構へと足を進める。

この井戸はまいまいず井戸とも呼ばれ、らせん状の道を歩いて井戸に下りていくようになっている。

不老川《としとらずがわ》の流れとともに県道を横切り、野々宮《ののみや》神社、化け地蔵、と続くが、その先は住宅と畑の入り混じった道をひたすら歩く。

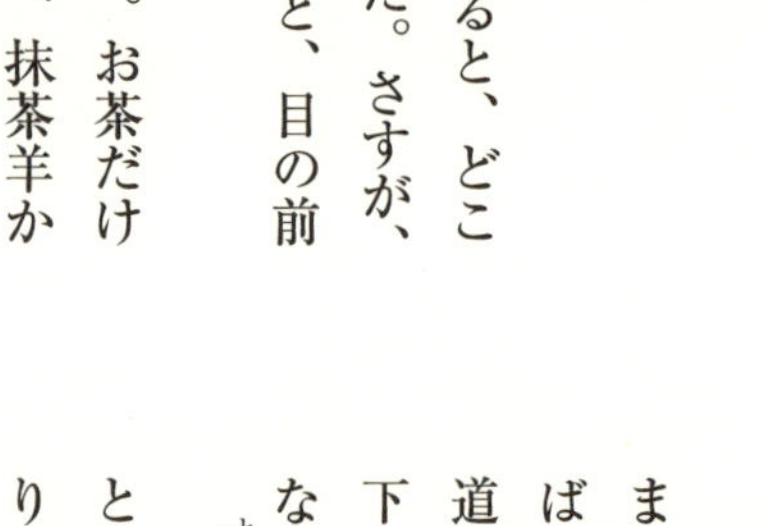

不老川の流れ

交通量の多い道に出たら右手に曲がり、少し行くと、左手に堀兼神社がある。ここにも同じようなすりばち状の井戸があり、『枕草《まくらのそう》子《し》』にも登場し、和歌にも詠《うた》われた堀兼《ほりかね》の井の一つと言われている。うっそうとした樹木におおわれて静かだ。

帰りは変電所の脇を通り、ところどころに茶畑や製茶工場を見ながら駅にもどる。

今日は充実の歴史散歩でした。

入曽の駅は茶の香り

駅→金剛院→入間野神社→七曲井→堀兼神社
【モデルコースタイム　2時間】

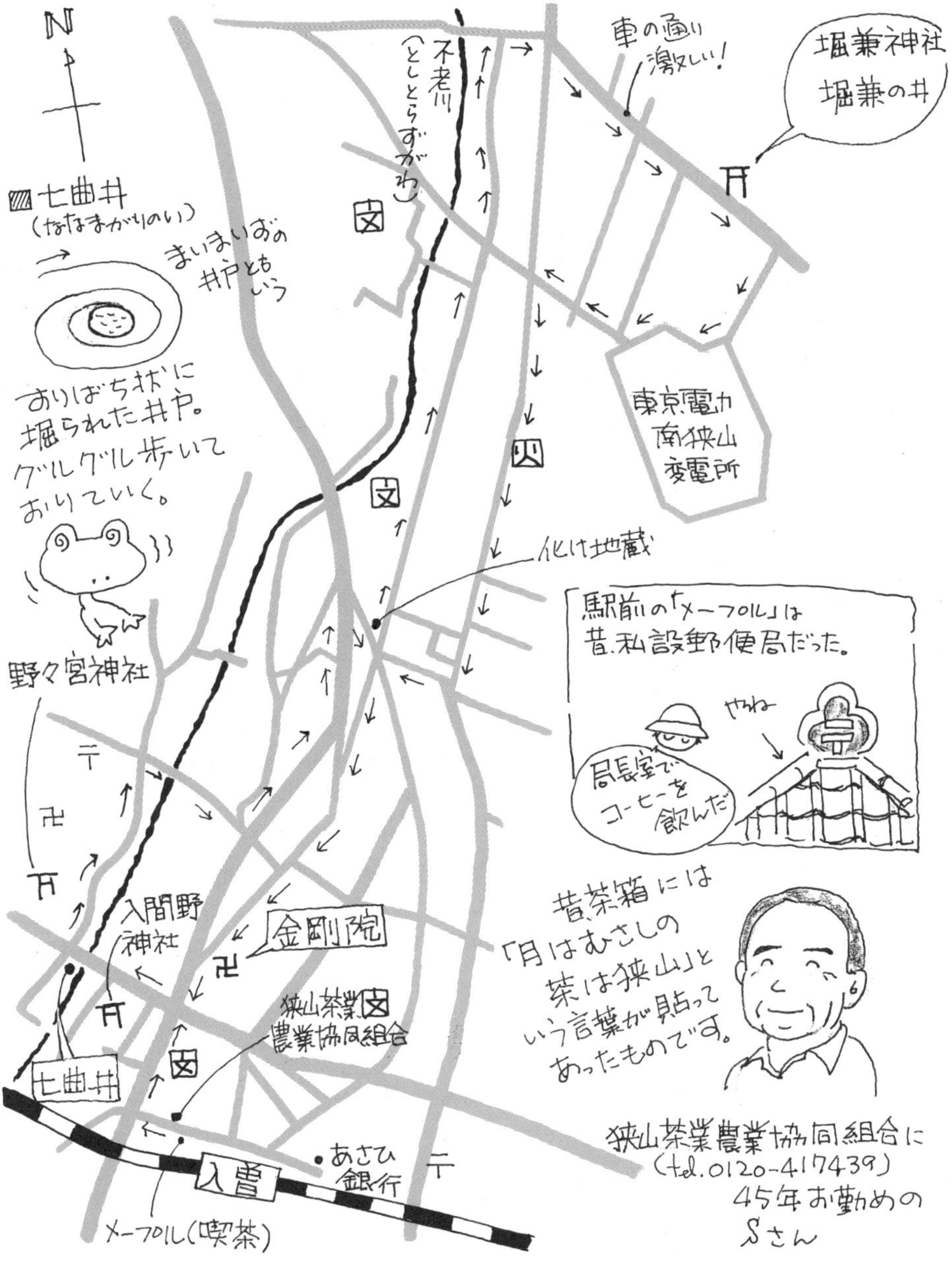
N
七曲井
（ななまがりのい）
まいまいずの井戸ともいう
すりばち状に掘られた井戸。グルグル歩いておりていく。
野々宮神社
入間野神社
七曲井
金剛院
狭山茶業農業協同組合
入曽
あさひ銀行
メープル（喫茶）
不老川（としとらずがわ）
化け地蔵
車の通り激しい！
堀兼神社
堀兼の井
東京電力
南狭山
変電所
駅前の「メープル」は昔、私設郵便局だった。
局長室でコーヒーを飲んだ
やあね
昔、茶箱には「月はむさしの茶は狭山」という言葉が貼ってあったものです。
狭山茶業農業協同組合に（tel.0120-417439）45年お勤めのSさん

西武新宿線

新狭山 - - - - 狭山市 - - - - 入曽

さやまし

智光山公園へ花菖蒲を見に

梅雨に入って、今日も朝から小雨模様。こんな日は花菖蒲《はなしょうぶ》の名所、智光山《ちこうざん》公園なんてどうだろう。「いやー、渋い！　雨の智光山公園、大人の散歩ですなぁー」。

狭山市駅からバスで二〇分、近くにはサイボクハムもあるので帰りに夕食のお惣菜を買って帰るというのもいい。さっそく管理事務所で園内の略図をもらって歩き出した。園内には歩いている人は見あたらない、雨の午後、しかも平日だものねえー。小雨に煙る菖蒲園の休憩所でひと休みしながら花を眺める。まっすぐに伸びた葉と紫色の花が清廉潔白《せいれんけっぱく》、背すじを伸ばした人のようですがすがしい。

雑木林からバラ園へ、芝生広場を抜けてひょうたん池に着く頃にはいつの間にか雨はやんで静かな水面に木々の緑が映っていた。誰もいない。うーん、これではいくら大人でも渋すぎる。そうだこども動物園に行ってみよう、私らまだ若いし。

しかし、動物園もこの天候とあって客は見あたらない。それにそろそろ閉園時間。あたふたと園内に入り、カラッポの柵を見ていると飼育係のお兄さんが声を掛けてくれた。「よかったら中で見ていってください」

智光山公園の花菖蒲

動物の世話をしている人から直接聞く話は面白い。あちらこちらのケージの前で楽しい話を聞くことができて、閉園間際だということも忘れそうだった。「みんな、仕事が楽しそうだよねえー」。

いつのまにかまた雨が降り出し、急いで乗り込んだバスの中で思い出した。「あ！　夕食のお惣菜はどうしよう？」

渋い大人のこども動物園見学

智光山公園内こども動物園
【公園内散策　1時間】

N
え？
ボクしらないよー
なー
なー
自家牧場の豚肉や
ハム・野菜
自家製のハムソーセージ!!
サイボクハム
tel.0429-85-0869
㊡月よう
埼玉牧場バス停
ミーアキャットの印象。
圏央道
緑の相談所
バラ園
ひょうたん池
狭山へら鮒センター
花菖蒲園
図
智光山公園
tel 042-953-5111
こども動物園
tel 042-953-9779
㊡月よう
智光荘
公園管理事務所
市民総合体育館
テニスコート
智光山公園バス停
狭山市駅西口より20分
狭山中央通り
○ポニーの乗馬ができます
（ただし小学生）
日よう・祝日と第2.第4土よう
10:45〜11:45
13:30〜14:30
（※土ようは午後のみ）

西武新宿線

南大塚 ―― **新狭山** ―― 狭山市

しんさやま

広福寺から上奥富運動公園へ

　高層マンションの並ぶ駅前から商店街を通り抜け、国道一六号を横切る。小さな通りに面した家並みを抜ければ、あたりにはまだまだ畑や田んぼが広がっていてのどかな風景だ。途中、広福寺に寄って春の入間川を散歩することにしよう。

　広福寺の山門は漆喰《しっくい》白壁《しろかべ》塗《ぬ》りの袴腰《はかまごし》の上に瓦葺《かわらぶ》きの入母屋《いりもや》造《づく》りで、中に梵鐘《ぼんしょう》が下がっている。竜宮作りの建築様式と書けばその形をイメージしていただけるだろう、約二百年の年月を経ている。

　奥富小学校の脇を通って入間川の方向に歩いていくと、正面には狭山第一環境センターの煙突、その隣には二〇〇一年秋にオープンのサンパーク奥富が見える。ここでお風呂に入ったあと川風に吹かれての散歩も気持ちよさそう。

　さて、入間川の河川敷に降りてみよう。東に向かって流れてきた入間川は加治丘陵を過ぎたあたりで北に向かい、やがて荒川と合流する。普通、関東地方の川の流れは南下しているが、入間川は逆に流れているのだ。このことから「入間ことば」といわれる遊びが生まれた。暑いを寒い、浅いを深いなど、さかさまに言う遊びだそうだ。

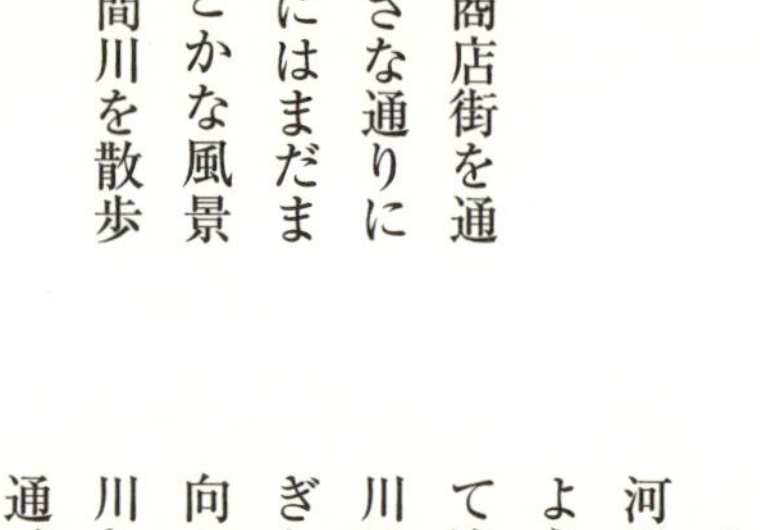

広福寺の山門

　公園として整備された川岸には、野鳥の姿も多い。上奥富運動公園と畑の間の道をしばらく歩き、緑の風でリフレッシュ。公園が終わったところで市街地の中に入っていく。

　交通量の多い国道一六号線を横切り、再び畑の中を市民会館まで行けば狭山市駅までわずかだ。

春の入間川を散歩する

駅→広福寺→入間川河川敷→上奥富運動公園
【モデルコースタイム　1時間40分】

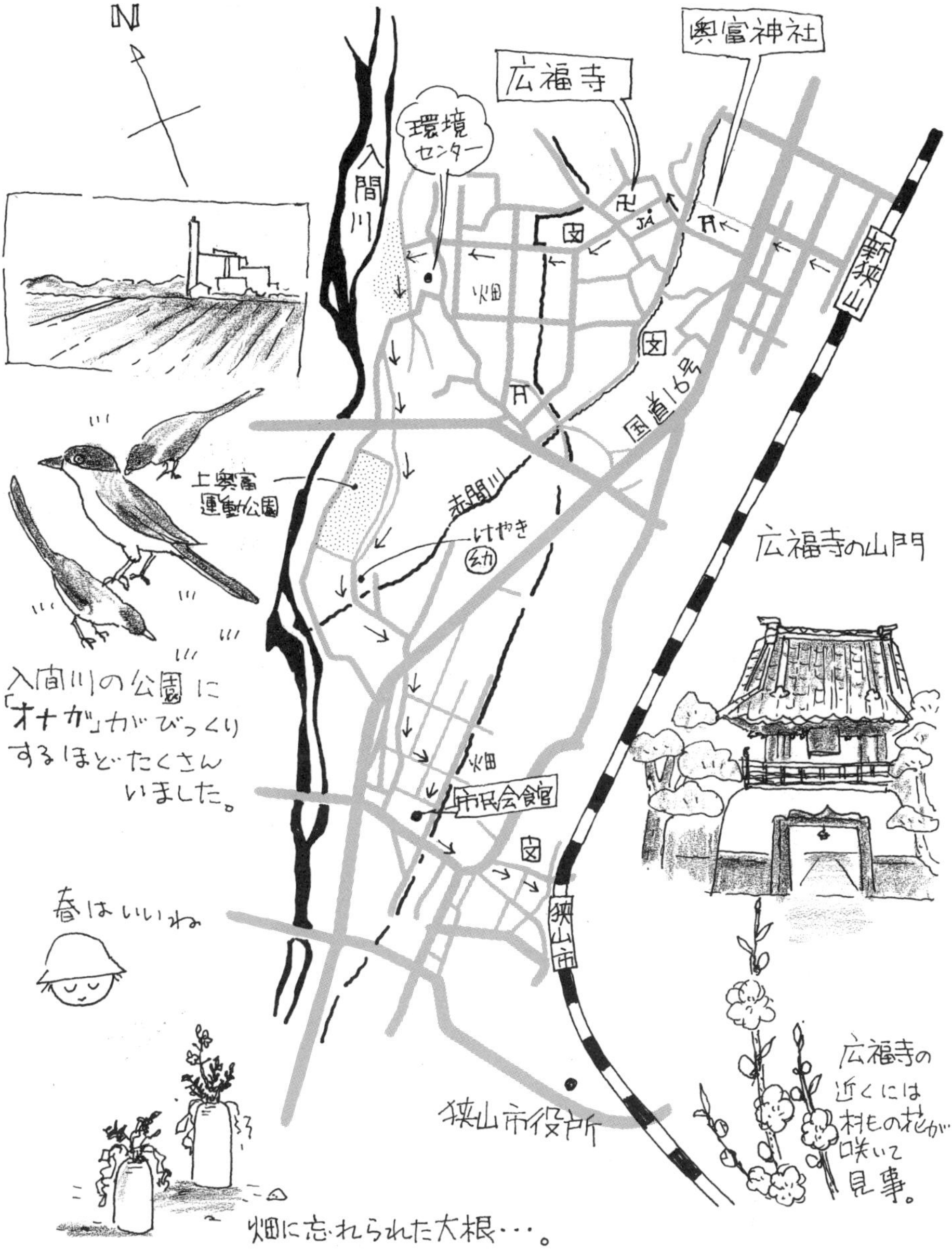

西武新宿線

本川越 ――― 南大塚 ――― 新狭山

南大塚

みなみおおつか

休止線・西武安比奈線のレールを歩く

西武新宿線南大塚の駅から伸びるもう一本の線路、それが西武鉄道安比奈《あいな》線だ。どうみても廃線跡としか思えないが、じつは将来電車が走る予定があるので休止線と言うのだそうだ。

実際に電車が走っていたのは三十年前までのことで、入間川の砂利を運ぶのに使われていたとのこと。八〇年代には車両基地を作る計画が持ち上がったが、実現しなかった。

子供の頃、南大塚に住んでいたというO君もこの線路に沿って歩いたことがあるという。少年の心を呼び覚ます、小さな冒険の旅に出てみよう。

駅前の住宅地の中からレールは国道を横切り、一直線に伸びていく。住宅の裏手では花など植えられて、生活のにおいもしている。家がだんだんまばらになったところにある小さな空き地は、将来駅を作るために民家が立ち退いた跡だという。

朽ちた鉄橋

「ここで、電車が地下から出てくることになっていたんだ」とは、通りがかりのおばさんの情報。真偽のほどはともかくも、草むしたレールはまっすぐに田んぼの中を通り、朽ちた枕木の並ぶ鉄橋を渡り、やがて林の中へ。そして、そして……あとは実際に出掛けてからのお楽しみ。

用地内は立ち入り禁止だが、つかず離れずにレールの行方を追って行ける。最終ポイントはレールの真ん中に生えたクルミの木、帰りも同じ道をもどる。

行ってみるなら、レールを覆っている草が枯れる秋の終わりから春にかけてがよい。

レールの真ん中に生えたクルミの木を目指して

駅→西武鉄道安比奈線
【モデルコースタイム　2時間】

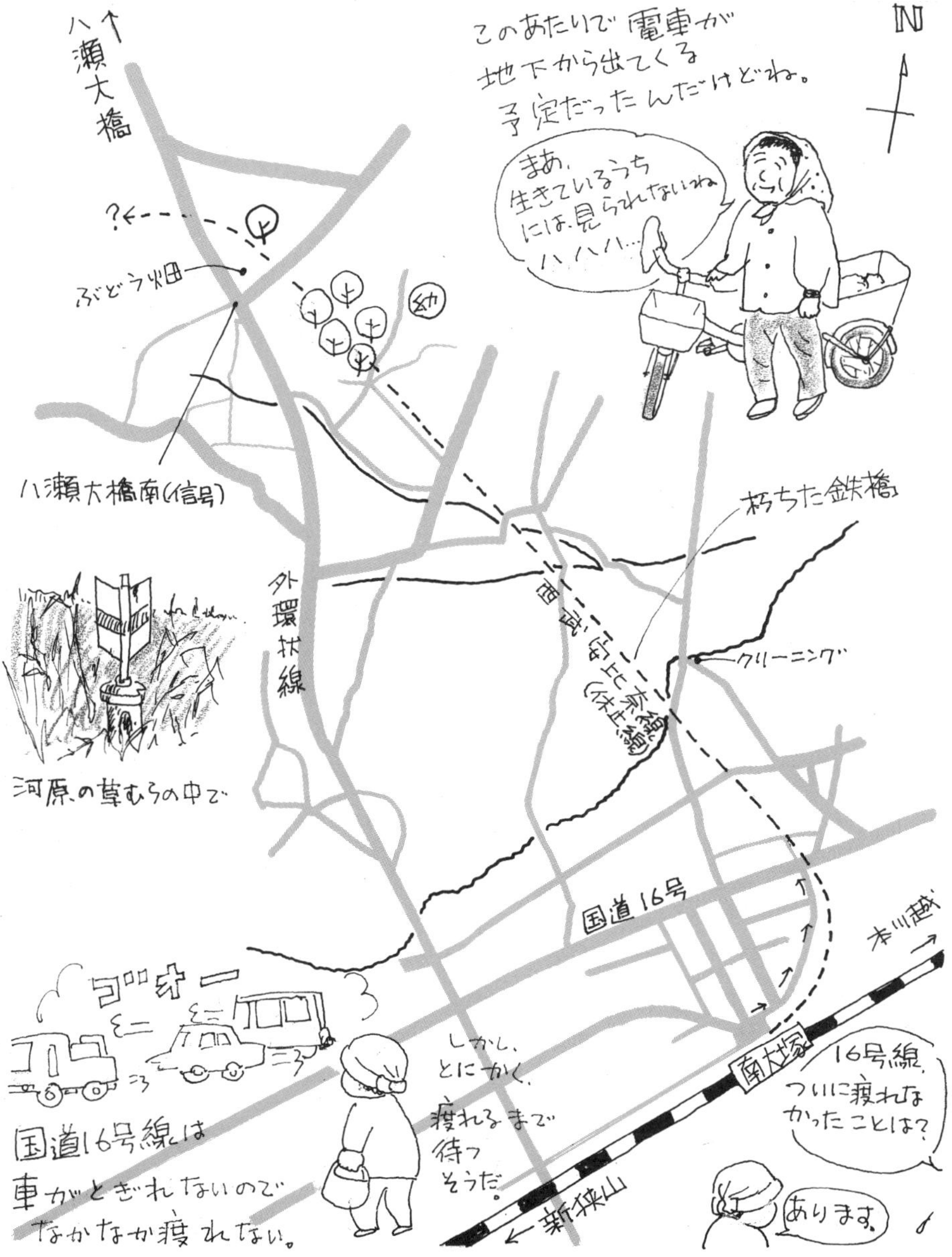

西武新宿線

本川越《ほんかわごえ》

南大塚

中央通りから喜多院へ

「小江戸《こえど》」と呼ばれる城下町、川越で蔵造りの街並みを歩いてみよう。

駅前の中央通りを北上すると、道の両側にどっしりとした蔵造りの店が並んでいる。蔵のほかにも古い建物が多く、歩きながら一軒一軒眺めていくのが楽しい。

菓子屋横丁に入ると、軒を連ねた駄菓子屋の店先で中年の客がなつかしげに菓子を手に取って眺めていた。現在、菓子屋は十数軒だが、昭和初期にはこのあたりに七十軒もあったという。時代は変わっても、駄菓子を手に歩いている人の顔は、皆子どもに帰って楽しそうだ。

芋羊かん、芋せんべい、芋アイスに芋そうめん。聞こえてきた鐘の音は、一日に四回街に時を知らせている時の鐘。

蔵造りの街並みから川越大師、喜多院《きたいん》に行ってみる。

江戸城から移築された家光《いえみつ》誕生の間や春日局《かすがのつぼね》化粧の間など、歴史が好きな人には興味深い。

境内の庭園もすばらしいのでぜひ、ご覧になることをおすすめする。紅葉の頃がよい。

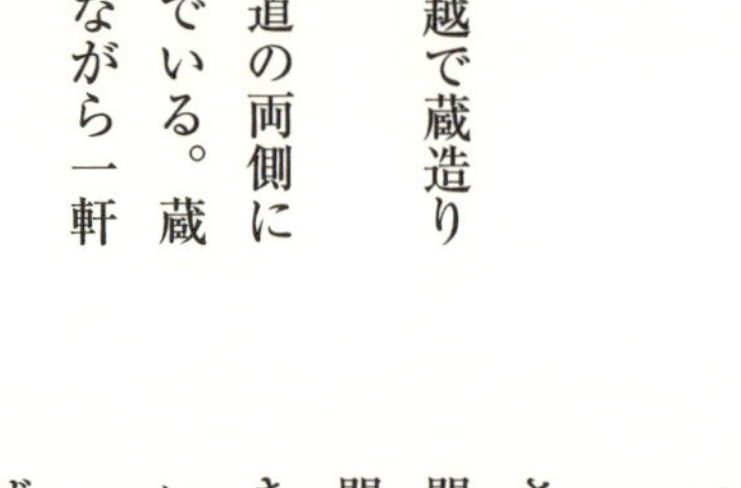

菓子屋横町

境内の五百羅漢は江戸時代に作られたもので五百四十体が並んでいる。ちなみに羅漢とは仏教の修行の最高段階に達した人のことを言うのだそうだが、ここの羅漢像を見ていると、いねむりしたり、お酒を飲んでいたり、あまりにも人間臭いところがあって笑ってしまう。

川越散歩のしめくくりに小江戸ブルワリーのサツマイモラガーを土産に買った。

小江戸川越で駄菓子づくし、芋づくし

駅→中央通り→菓子屋横丁→喜多院
【モデルコースタイム　1時間30分】

菓子屋横町
駄菓子資料館（田中屋）
ひと昔前の菓子道具を展示している。おもちゃや看板など懐かしいモノもたくさん！
大沢家住宅
N
川越のシンボル
時の鐘
蔵造り資料館
蔵造りの町並
川越の地ビールの生が飲める！
舛屋酒店
無休 tel 049-222-1500
（3月～11月まで、店先で……）
ふしぎなことに、小学生までがなつかしー！と言って入ってきます
教会
・焼き芋コーヒー・いもそうめん
・いもプリン ・いもようかん
・いもソフト
蓮馨寺
なぜかクリスマスのモール
おびんづる様
西山歴史博物館
無休
10:00～17:00
喜多院
人間味ありすぎ…
五百羅漢
川越市
東武東上線
本川越
JR川越線
☆こんなビールを飲みました
サツマイモラガー（川越金時イモ使用）
狭山茶ビール（狭山茶使用）
小江戸蔵の街 No.1
No.2
小江戸ブルワリー

西武拝島線
西武国分寺線

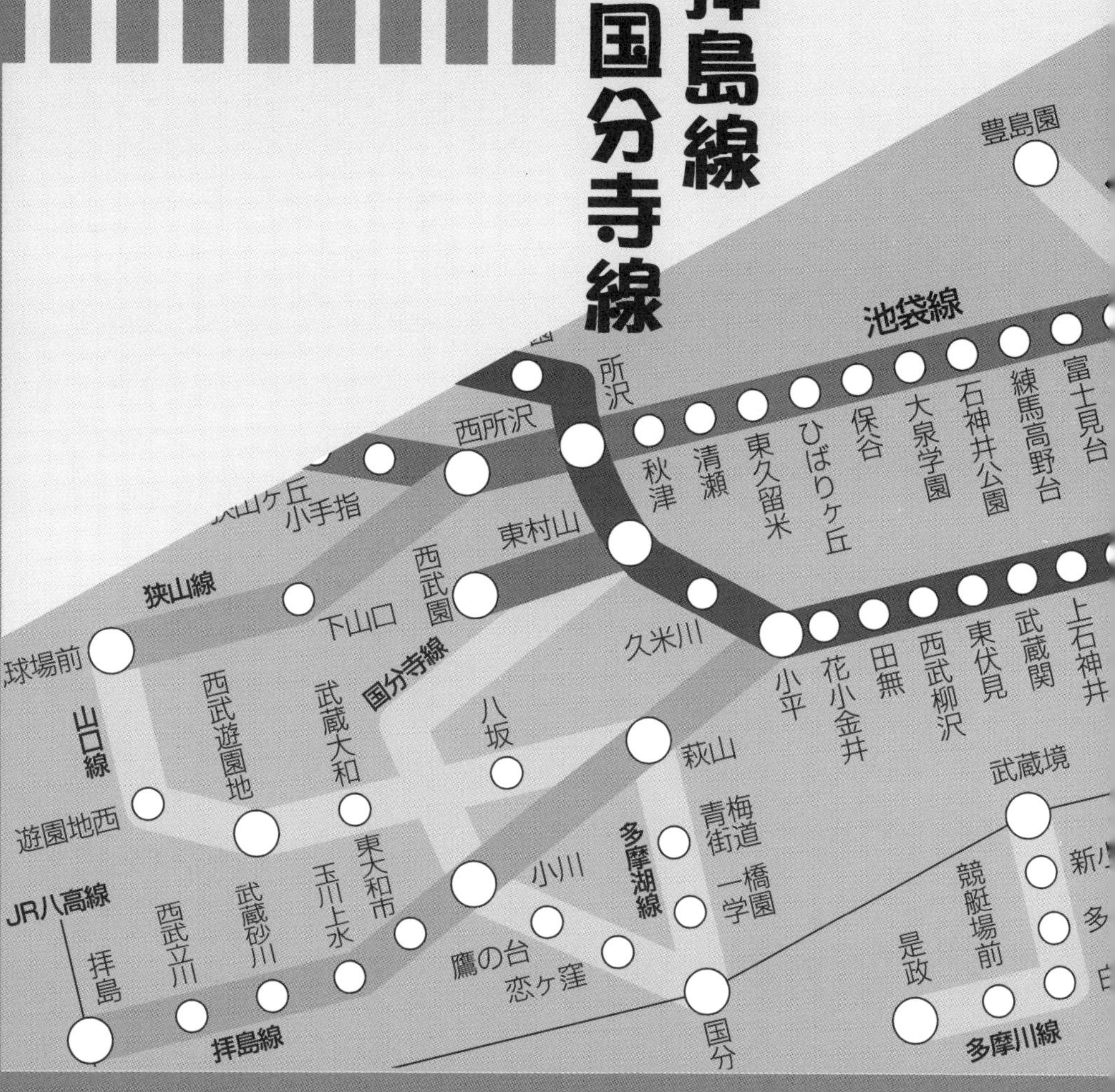
豊島園
池袋線
所沢
西所沢
小手指
狭山線
下山口
球場前
山口線
西武遊園地
遊園地西
東村山
西武園
国分寺線
久米川
八坂
武蔵大和
東大和市
玉川上水
武蔵砂川
西武立川
拝島
JR八高線
拝島線
小川
鷹の台
恋ケ窪
国分
萩山
多摩湖線
青梅街道
一橋学園
小平
花小金井
田無
西武柳沢
東伏見
武蔵関
上石神井
秋津
清瀬
東久留米
ひばりヶ丘
保谷
大泉学園
石神井公園
練馬高野台
富士見台
武蔵境
競艇場前
是政
多摩川線

西武拝島線

玉川上水　東大和市　小川

ひがしやまとし

薬用植物園から彫刻の谷緑道へ

東京都薬用植物園は駅から二分、園内には一六〇〇種もの薬用植物が栽培されている。ときどき薬草教室も開かれていて自由に参加できるので（「広報東京都」に予定が掲載されている）、ガーデニングやハーブに興味がある人にはぜひおすすめしたい。

この日は一面に咲いたベニバナがきれいだったが、一年を通して季節ごとに花が楽しめる。

植物園を出たら、小川橋方面に進み、玉川上水沿いの道に入ろう。上水沿いに少し歩くと、左手に花が咲き乱れている庭が目についた。

思わず足を止めると中から「どーぞ」と声が掛けられたので、おそるおそる入っていくと、木のテーブルの上にティーセットが用意してあって、カモミールティーをごちそうになった。

ほんのり甘いさわやかな口あたり、ライトグリーンのカモミールティーをいただきながら眺める庭の花は格別。

皆さんも通り掛かったら気軽にのぞいて下さいとは、声の主の森田さんから。

再び上水にもどり、東小川橋から左に入り、彫刻の谷緑道をめざす。

小川用水沿いに作られたこの緑道は、バス道路と並行しているので静かな雰囲気はないが、川岸の草地に置かれた彫刻にふとまわりの騒音を忘れる。

東大和市駅までもどったら、お隣りの玉川上水駅まで線路沿いのデコボコ道を歩くのも楽しい。東大和市駅からは二〇分だ。

薬用植物園の温室

花と緑、そしてふれあい

駅→東京都薬用植物園→玉川上水→彫刻の谷緑道
【モデルコースタイム　1時間】

玉川上水
薬用植物園の温室
N
tel 042-341-0344
入口の付近に珍しい八重咲のドクダミの花がある
薬事資料館は土・日・祝は閉館
カカオ
東大和市
東京都薬用植物園
レインボーカラーの家
小川
青梅街道
小川橋
図書館
西武自動車学校
南台病院
小平西高
友だちがたくさんできたことが何より幸せ!!
森田さん
1年分のカモミールティ用の花を摘んでおきます
玉川上水
彫刻の谷緑道

西武拝島線

武蔵砂川 ―――― **玉川上水** ―――― 東大和市

たまがわじょうすい

玉川上水、水の生い立ち

玉川上水駅はその名の通り、すぐ目の前を玉川上水が流れている。駅前の広場にある小さなアーチの上には、角笛《つのぶえ》を吹く男の子のオブジェがあって、いかにも音大のある街という感じがする。

駅前を流れている水は一〇〇mほど下ったところにある都水道局小平監視所から地下導水管で東村山浄水場に送られている。

では、すぐ下流の玉川上水放水口から流れ出している水はどこから来ているのだろう？なんとこの水は昭島市の処理場で処理された水を導水管で引いてきて流しているというから驚き。

岩を並べた放水口は水面近くまで降りられるようになっていて、足元には大きな鯉が泳いでいる。

川底と同じ高さに立って下流を眺めてみれば、両側はむきだしの赤土から木の根が出ていて、今さらながら工事の苦労がしのばれる。このまま上水沿いに二五分ほど歩けば東大和駅近くの小川橋だが、もう少しこのあたりを散策しよう。

うど畑

上水を離れて川越道緑地古民家園へ向かう道は、苗木畑が多い。

古民家園の木陰で休んだら、うど畑などを見ながら、まだまだ緑の多く残る住宅街を駅に向かう。

頭上にモノレールを見ながら、上水園で季節の花を見るもよし、駅前のパン屋さんをのぞいて、おやつのパンを片手にお隣の武蔵大和駅まで、線路沿いのでこぼこ道を歩くのも楽しい。

この水はいったいどこから？

駅→玉川上水→川越道緑地古民家園→上水園
【モデルコースタイム　1時間】

N
多摩モノレール
東京都水道局
小平監視所
羽村町には
玉川兄弟の
像がある
国立音楽大学
霊園
文
パン屋
その⑤
サンエトワール
放流口
赤松の並木道が
続いている
玉川上水
←武蔵砂川
東大和市→
パン屋その④
フルファー
パン屋その③
シャロン
上水園
パン屋
その①
ポム
ウマイ！
玉川上水で
パン屋めぐり
をしてみよう
文
幸小
文
立川四中
平成新道
パン屋その②
リオンドール
古民家園
休 月よう
砂川七番
五日市街道
芋窪街道
玉川上水のこと
江戸の飲料水不足を解消するため
幕府の命によりつくられた上水路※。
工事にあたったのは庄右衛門、清右衛門
兄弟で、その功績により玉川の姓を名の
ることを許された。
※（多摩川の羽村から四谷大木戸までの43キロメートル）
玉川上水駅・自由通路アーチの上の彫刻

西武拝島線

西武立川 ---- **武蔵砂川** ---- 玉川上水

むさしすながわ

残堀川から砂川へ

西武砂川駅から玉川上水沿いに西武立川方面に歩くこと約五〇〇m、残堀川と玉川上水の立体交差地点に着く。

川の合流地点や分水地点は珍しくないが、交差地点は珍しい。サイフォンの原理というのだそうだが、聞いて驚き、見て納得。気になる人は行ってみよう！

残堀川《ざんぼりがわ》沿いに少し歩き、道と川との立体交差点（つまり橋のこと）から五日市街道に入る。このあたりには蔵が多いが、もう一つ気がついたのは道路に面した境界に、大きな自然石を並べて石垣にしている家が多いことだ。その石の立派さには目を見張ってしまう。

街道をさらに東に進むと、右手に流泉寺《りゅうせんじ》があるので寄ってみよう。

寺の境内、椿の木の下に「砂川の教育ここに始まる」と彫られた石碑がひっそりと立っている。明治五年、西砂川学校がここ流泉寺に開校した記念の碑だ。砂川の人たちの誇りと愛着を感じる。

さて、玉川上水にもどろう。金比羅橋《こんぴらばし》の近くのうっそうとした緑の中に高さ一五mほどの金比羅山がある。富士信仰による富士塚の跡だが、現在は頂上に金毘羅大権現《こんぴらだいごんげん》、中腹には秋葉神社がまつられている。

玉川上水は明治三年から五年まで舟運に利用されていたことがあり、その安全を祈って

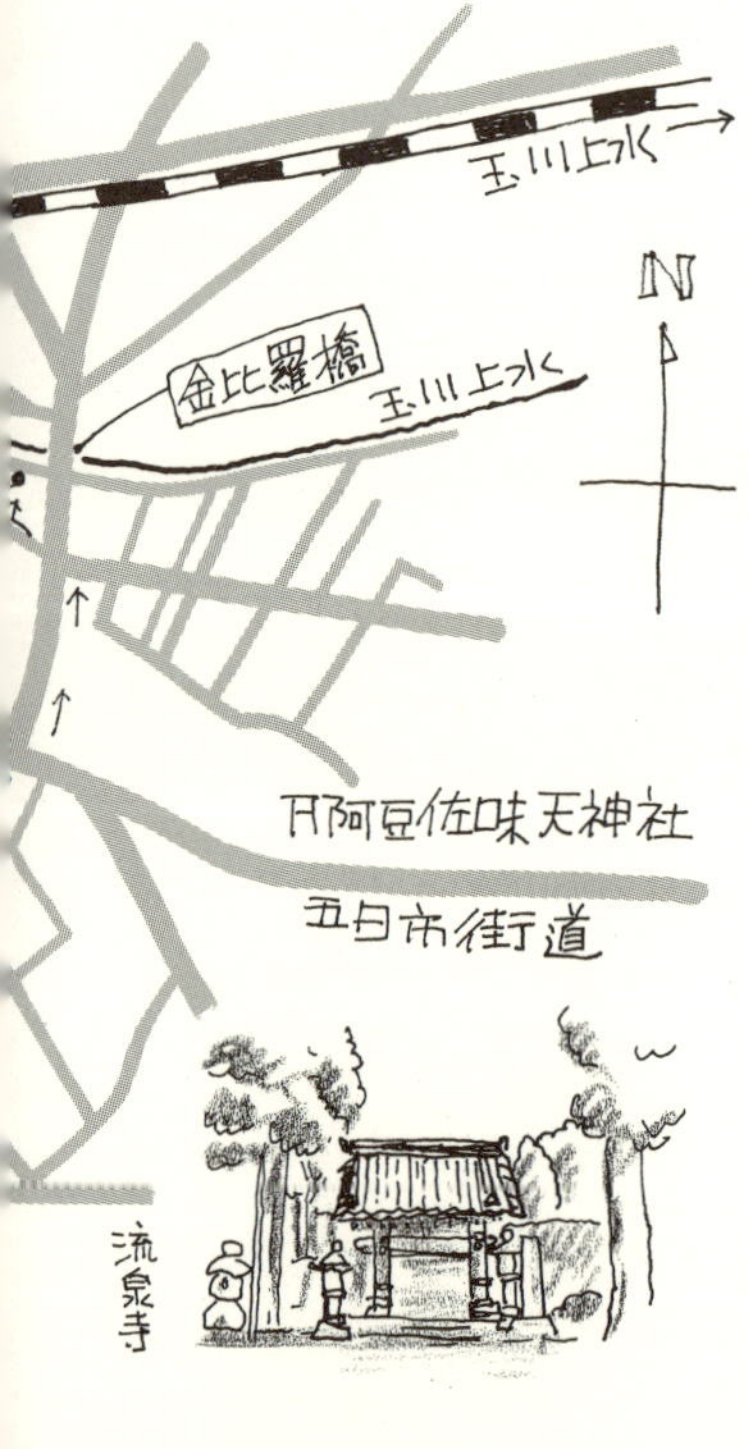

船着場があった砂川を歩く

駅→残堀川→五日市街道→流泉寺→金毘羅大権現
【モデルコースタイム　1時間】

船着場があったあたり

水運の神様金毘羅様がまつられたのだ。

しかし、玉川上水は当時飲料水にも使われていたので衛生上の理由から、わずか二年で廃止された。

現在の様子からは想像もできないが、近くに船着場の跡があるので立ち寄ってみよう。

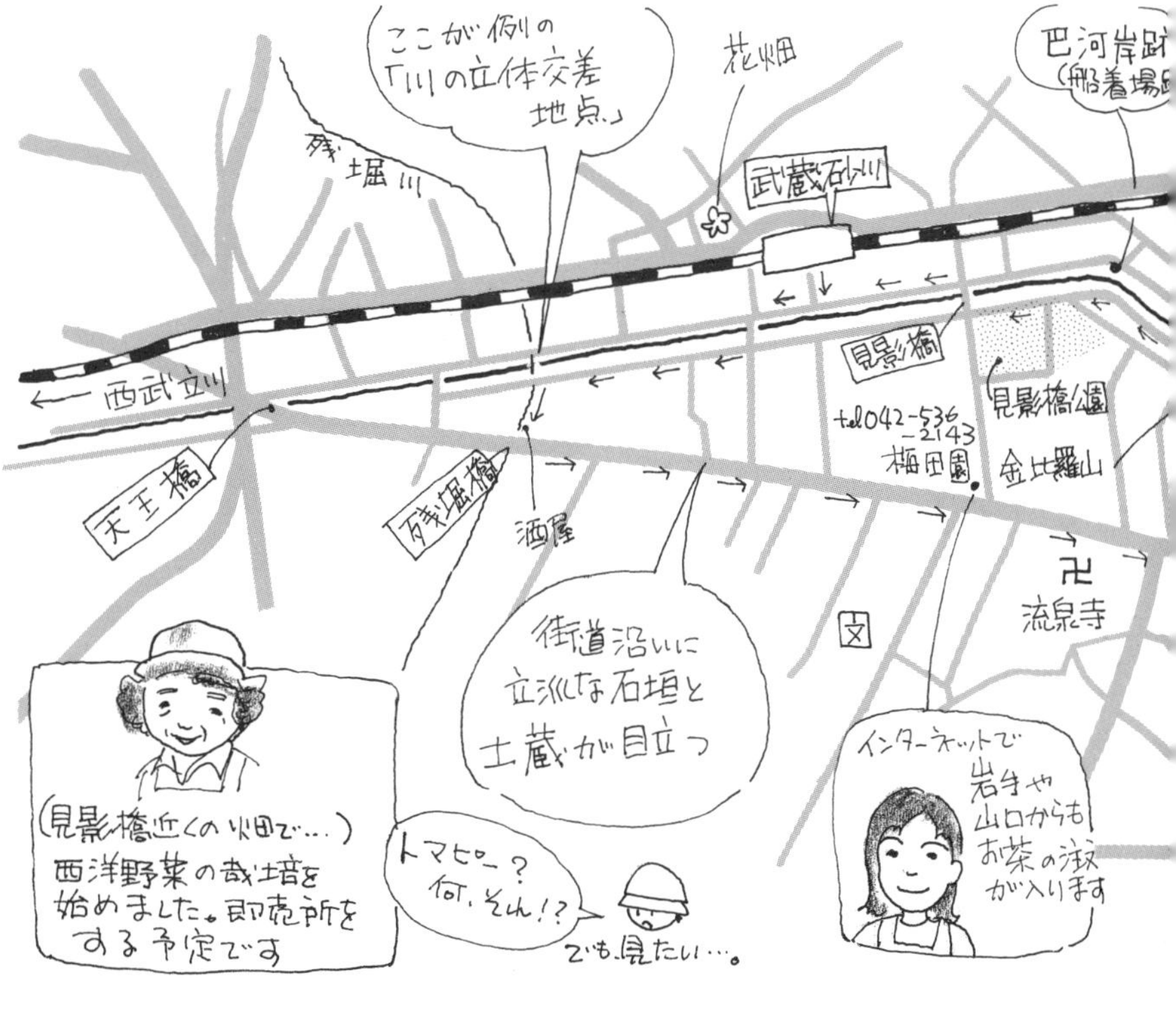

西武拝島線

拝島・西武立川 ―――― 武蔵砂川

はいじま・せいぶたちかわ

石川酒造までのみちのり

西武線の散歩をしながら地ビールを飲めるところを探していたら……ありました、こんなところに！

多摩にお住まいの方ならおなじみの銘酒『多摩自慢《たまじまん》』。その蔵元、石川酒造で造られているのが地ビール『多摩の恵』だ。

天然水仕込みで全六種類、蔵造りの敷地内ではできたてのビールや手打ちそば、もちろん日本酒も味わうことができる。ここをゴールに、一つ手前の西武立川駅からスタートしよう。

西武立川の駅を降りると、「えっ？」とあたりを見まわすに違いない。

目の前には雑草の生えた空き地が広がり、拝島方面に伸びる送電線の先には遠く奥多摩の山が見えている。まるで、駅の手前で電車を降ろされたような心細い気分だ。

玉川上水沿いに拝島まで歩いていくと、何分かおきに聞こえてくる飛行機の爆音がおなかに響いてくる。近くにある横田基地を離発着する軍用機のものだ。

途中左手に上水公園を見て一時間ほどで拝島駅に着く。

そのまま上水に沿って雑木林の中を歩き、みずくらいど公園でひと休み。

踏切を二つ渡って、いよいよ石川酒造へと急ぐ……こともないのだが、自然と足が早まる。

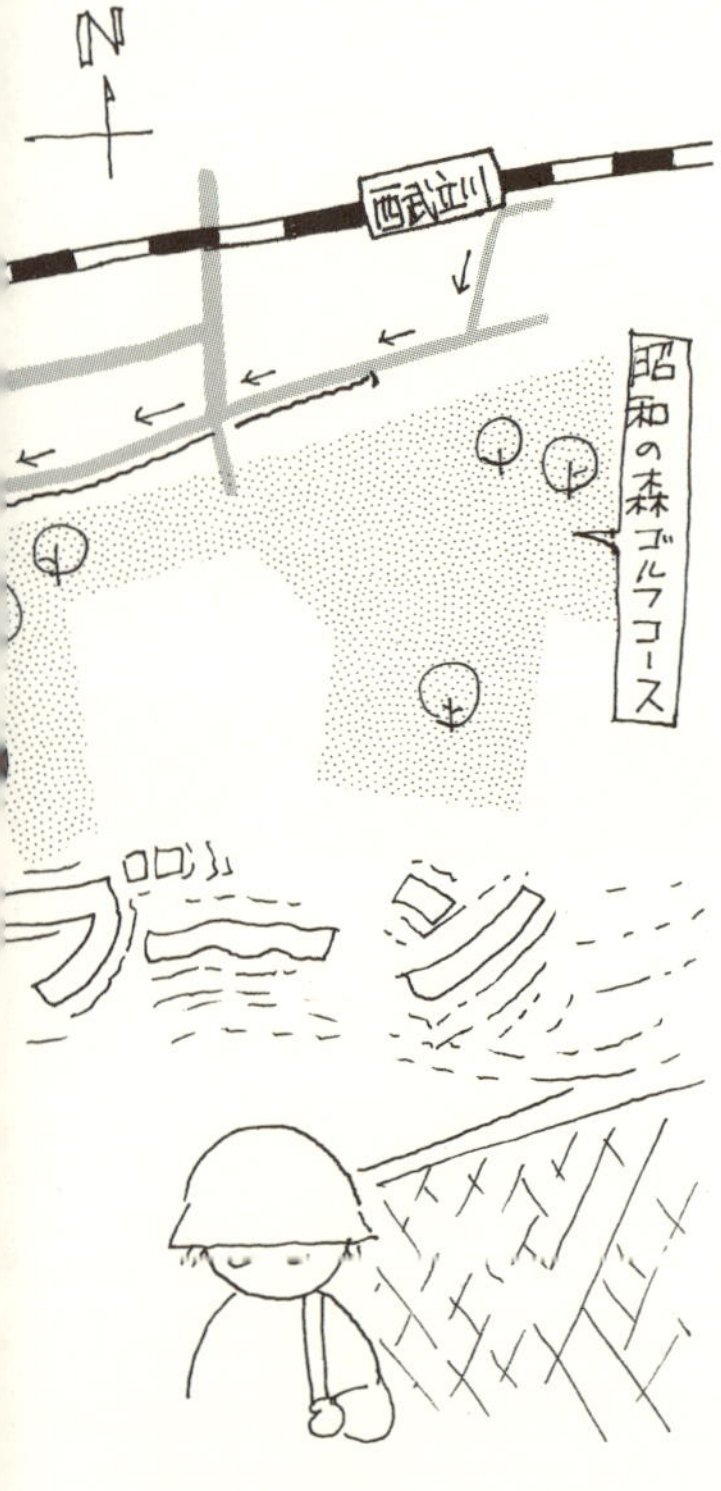

地酒と地ビール求めて上水散歩

西武立川駅→玉川上水→みずくらいど公園→石川酒造
【モデルコースタイム　2時間】

石川酒造の蔵

熊川神社の横を用水の流れと共に歩いていき、睦橋通りを横切ればゴールはすぐそこ。帰りは車の通りの少ない道を選んで拝島駅へ。駅前のお稲荷さんのきつねは、あまりにも恐い顔をしているので面白い。話のタネに寄って見ていこう。

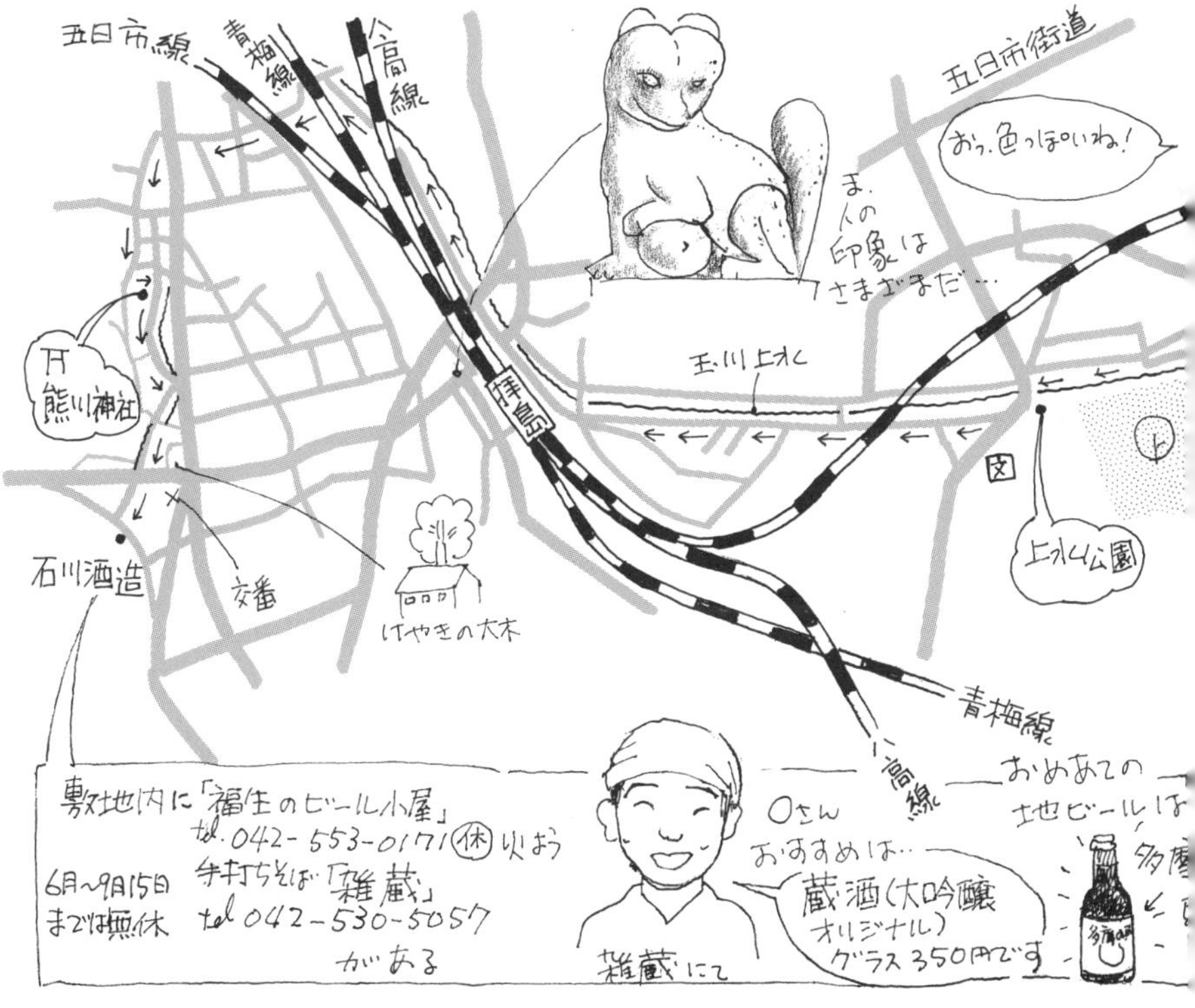
五日市線
青梅線
八高線
五日市街道
おっ、色っぽいね！
ま、人の印象はさまざまだ…
玉川上水
拝島
熊川神社
石川酒造
交番
けやきの大木
上水公園
青梅線
八高線
敷地内に「福生のビール小屋」
tel.042-553-0171 (休)火よう
手打ちそば「雑蔵」
tel 042-530-5057
がある
6月～9月15日までは無休
Oさん おすすめは…
蔵酒(大吟醸オリジナル)
グラス350円です
雑蔵にて
おめあての地ビールは

西武国分寺線

恋ヶ窪 ---- **国分寺**

こくぶんじ

殿ヶ谷戸庭園から黒鐘公園へ

その駅名からして歴史を感じさせる国分寺駅に降り立ったのは、桜の花も満開の日曜の昼下がり。まずは駅前にある東京都立殿ヶ谷《とのがや》戸《と》庭園を見学、竹林を渡る風の音がサラサラと心地よく、池に泳ぐ鯉の姿が絵に描いたようだ。

庭園を出てお鷹《たか》の道までは国分寺街道を歩く。一里塚の先を案内板にしたがって右折すれば静かな住宅街の中の道になり、昔ながらの赤いポストや、木造二階建のアパートのたたずまいがなつかしい。

お鷹の道入り口の案内板から小さな流れに沿った細い道に入る。

住宅と住宅の間を流れるこの疎水《そすい》には崖下（ハケ）からの湧水が流れているので、水が澄んでおり、ところどころで子どもたちがおたまじゃくしやザリガニとりを楽しんでいる。

弁財天を往復して元の道にもどり、少し歩くとすぐに明るい通りに出たと思ったら、そこは最勝院国分寺《さいしょういんこくぶんじ》（万葉植物園）の目の前。現国分寺と呼ばれるこのお寺には文化財保存館もある。中には武蔵国分寺の一／二〇〇復元模型があるので、ぜひのぞいていこう。

静かな林の中の石段を上がり、薬師堂を見学して武蔵国分寺跡へもどると、そこにはただはらっぱが広がるばかり。草の上に寝ころんで、先ほどの模型を思い出しながら天平《てんぴょう》の

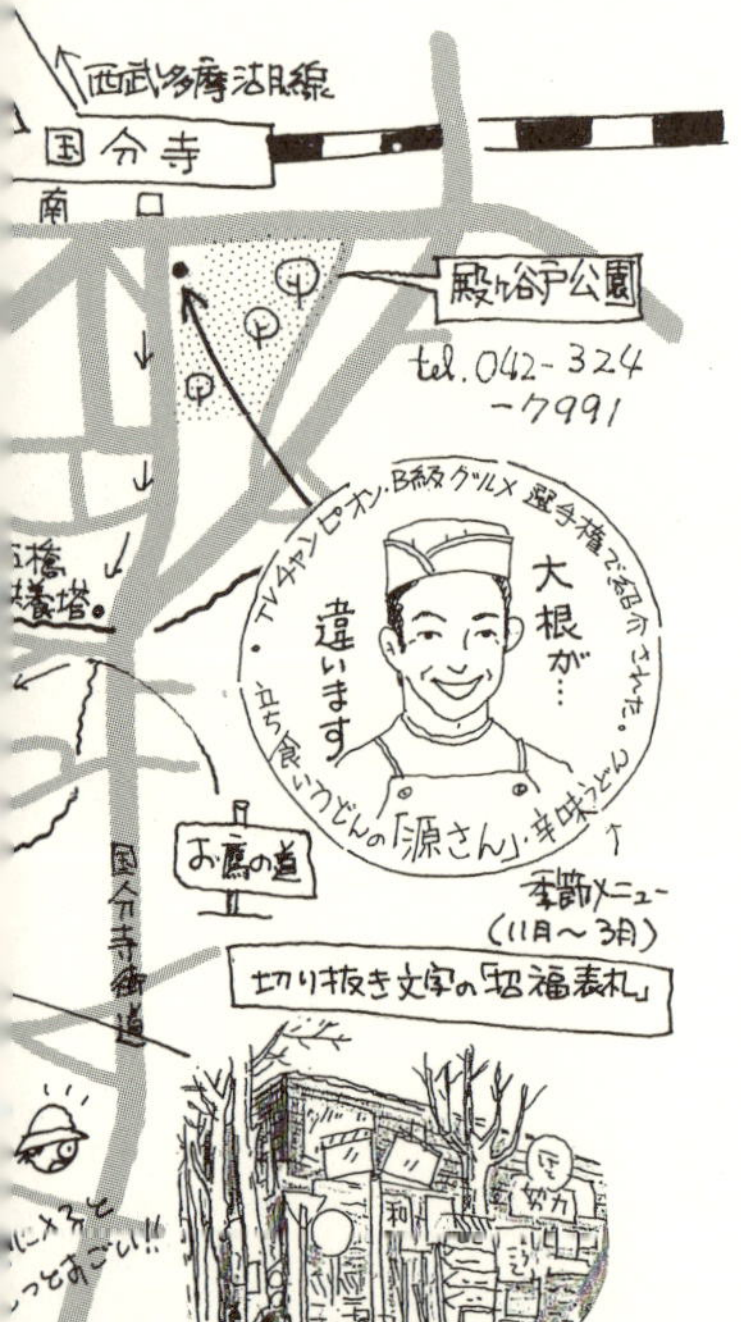

西武多摩湖線
国分寺
南口
殿ヶ谷戸公園
tel.042-324-7991
TVチャンピオン・B級グルメ選手権で紹介された。
大根が…違います
立ち食いうどんの「源さん」・辛味うどん
季節メニュー（11月～3月）
お鷹の道
国分寺街道
切り抜き文字の「招福表札」
建物のいたるところに看板や表札が打ちつけられている。

天平の空に思いをはせる

駅→殿ヶ谷戸庭園→お鷹の道→最勝院国分寺→黒鐘公園
【モデルコースタイム　1時間15分】

薬師堂

空を見上げよう。

武蔵国分寺跡をあとにして府中街道を横切ると、すぐに武蔵《むさし》国分《こくぶん》尼《に》寺《じ》跡《あと》に出る。

隣接する黒鐘公園《くろがねこうえん》では満開の桜の下で宴たけなわ、つついている鍋の中身を気にしながら、鎌倉街道をわずかに歩いて西国分寺駅に向かった。

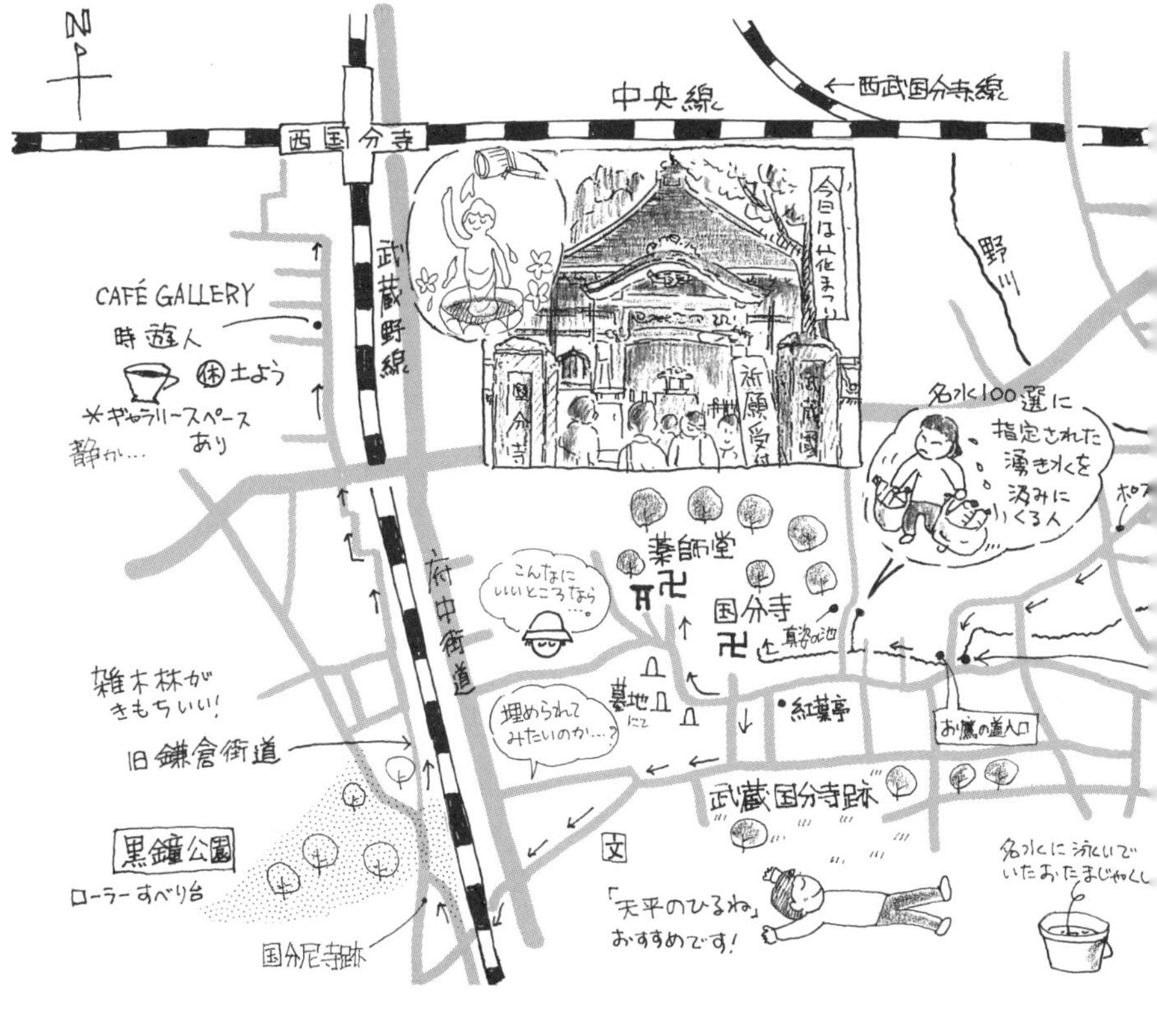

西武国分寺線

鷹の台 ------ **恋ヶ窪** ------ 国分寺

恋ヶ窪

こいがくぼ

きぬたやからニコニコ堂へ

恋ヶ窪とは名前がすてき！　と思いつつ、五月晴れの午後フラリと出掛けてみた。駅前に国分寺市役所があるものの、あたりにはまだまだ苗木畑が多く、人通りも少ない。

今日はこの近所に住んでいるTさんに聞いた彼女の散歩コースを歩いてみることにした。

まず、駅前のそば屋「きぬたや」に入りせいろを注文。北海道産のそばを石臼《いしうす》を使って手で挽《ひ》いたこだわりの味でメニューはせいろのみ、シンプルなことこの上ない。

店を出たら駅とは反対の方向へ歩いていく。これといって目立った建物もない、妙に間のびした通りをいくと、Tさんに教えてもらった骨董品屋「ニコニコ堂」があった。

店の中には壁いっぱいの古い時計。面白いものあり、訳がわからないものあり、ガラクタあり、お宝あり……あっ気にとられて眺めていると、七十代ぐらいの男性が包みを抱えてやってきた。大工道具のノミを買い取ってくれと言っている。ノミを売る人、買い取る人、その様子を見ている人、人生はいろいろだ。三本セットのノミが？円で買い取られたのを見届けて店を出た。

Tさんはこのあといつも駅の向こう側の農協で買い物をして帰るとのこと。私も野菜でも買って帰ることにしよう。

日曜の午後、気の合った誰かと歩きたい大人向けの短いコース。

ただし骨董品屋は休みが不定期、そばも売り切れのことが多いので電話をしてから出掛けよう。

ニコニコ堂店内

気の合った誰かと歩きたい

駅→きぬたや→ニコニコ堂
【モデルコースタイム　1時間10分】

N
「のらぼう」の花
おひたしにするつもりで買いました。
今は花びんに入ってテーブルの上
一束 100えん
鷹の台
JA国分寺
JA産直センター（農協の売店）
9:00〜16:00
休日・祝
文
恋ヶ窪
野菜即売所
ニコニコ堂でみかけた二人連れ。
今日はブリキのクリップをつないだネックレスお買い上げ。
¥1500
こういうお店大好き！
国分寺市役所
国分寺
なんと！
手打ちそば きぬたや
・石臼手挽き
せいろ 1000えん
追加 700えん
休 木・第3日よう
メニューはこれだけ
市役所通り
古着屋で買いました
用意した分が終ってしまうことが多いので、telで確認してお出かけください
毎朝これで…
石臼
ダスキン
ヒビの入った金魚ばち
いや、こうやってゴリゴリするのに使うのサ
ただの石コロ…
1500円
苗木畑が多い
ビンテージホビーの専門店
MIX
11:30〜20:00
休 木よう
tel 042-326-3305
ゆでかげんはどうします？
ーと聞かれると、
どうしても…
休 不定期
営業は午後から
ニコニコ堂
骨董屋さん
ねぇ、これって便器じゃないの？
そうだよ。いくらなら買うかね？
看板！でかい！
殺風景な井戸
戸倉2丁目バス停
なかよし児童公園の井戸
ヴェルダン
か、かために…
ミディアムとか、言いたくなってしまう。
レア

西武国分寺線

小川 ━ ━ ━ ━ ━ **鷹の台《たかのだい》** ━ ━ ━ ━ ━ 恋ヶ窪

水車橋から小川寺へ

芽吹き始めた雑木林を車窓に見ながら、学生時代の友人Tさんと鷹の台駅にやってきた。ここは、私が学生時代に暮らした街だ。

駅前の小さな商店街を抜け、水車橋から上水遊歩道にもどると、林の中の小道が別世界に続くかのように伸びている。

今日は春休みのせいか人通りも少なく、お父さんと子どもがのんびりと歩いている。

チップを敷いてある遊歩道を歩いていくと、右手にホタル飼育施設を見つけた。飼育係のおじさんの話では、去年は五月三十日に最初の一匹が飛んだという。

そこから美大通りに出て、青梅街道へ向かう。途中に見覚えのある画材店を見つけてなつかしさに思わず立ち止まった。

住んでいた当時はペンキの色も鮮やかだったが、いまやペンキの色はあせ、ところどころはがれ落ちて、そのあたり一帯にレトロな雰囲気をかもしだしている。

「ほんとうに年をとったのね、私たち」。思わず言葉も少なくなる。

何十年かぶりに歩く道は昔とずいぶん変わっていたけれど、どこか見覚えのあるところが残っていて、まるで幼なじみに会ったようだ。

青梅街道沿いの小川寺の境内を見学して、大けやき道に入ると、そこはまだ、だいぶ畑が残っていて空も広い。

「土ぼこりの中の青春でしたね」「はい」。

畑につけられた犬の足跡を見ながら、再び上水遊歩道にもどり、「シントン」のコーヒーを飲んで駅に向かった。

玉川上水

林の中、チップの遊歩道を歩く

駅→水車橋→上水遊歩道→小川寺→シントン
【モデルコースタイム　1時間40分】

小川《おがわ》

野火止用水から薬用植物園へ

玉川上水、野火止用水、狭山・境緑道、小金井公園をむすぶ道を小平市はグリーンロードと名付けてPRしている。一周約二一kmのこの散歩道は小平市をほぼ一周するようになっている。

今日は小川駅から東大和駅までの野火止用水沿いの道、約三・七kmを歩く。ゆっくり歩いても一時間足らずの散歩道、ふと思い立って出掛ける午後の散歩にぴったりだ。

まずは小川駅西口を出て、商店街を右に折れる。中宿通りを横切ってさらに進むと用水に突き当たるので、流れをさかのぼるようにして歩いていこう。住宅地を流れるこの水は、下水処理水をオゾン処理したものだが、流れの中には大きな鯉が何匹も泳いでいる。

明治学院の手前から暗きょに入った用水は、富士見橋からまた顔を出し、子どもたちの相手をしながら水鳥の羽根を休ませている。

野火止用水

土橋を過ぎたあたりからは雑木林の中を歩くようになり、木漏れ日が気持ちよい。突然、カワセミが水面をかすめて飛び去っていった。「野火止用水清流復活の碑」がひっそりと立っているところが放水口。

この先、再び暗きょになるが、そのまま歩いていくと、足首がかくれるほどの浅い流れとなる。住宅地の前では子どもたちが魚とりや水遊びに夢中になっている。親たちも水辺で楽しそうに語り合っていて、この流れがみんなに愛されているのが良くわかる。

東大和市の駅まで歩いたら、駅前の東京都薬用植物園を見て帰ろう。

水面をかすめて、カワセミが

駅→野火止用水→富士見橋→清流復活の碑→東京都薬用植物園
【モデルコースタイム　1時間15分】

金魚を放流(?)しに来たらしい親子
う〜ん、でもあのコイが…
お兄ちゃん！ここは？
よく太っている
ケロ…
萩山
うどん販売宮本
野火止用水
小平から野火止(埼玉県新座市周辺)まで全長25kmの用水堀
・別名を「伊豆殿堀」ともいう。
明治学院東村山・中高
小平養護
職業能力開発総合大学
W.C
富士見橋
土橋
桜の季節にはさぞや…
中宿通り
鷹の台
放水口のそばに…
野火止用水
清流の復活
東野火止橋
野火止橋
西武拝島線
窓だけのお店
うどん
青梅街道
きのう、2・3匹ひかってました。(5月28日)
ホタル育成スポット
放流口
変電所
のぞいて見たら、ひとりでうどんを打っていました
リズミカル。
手打うどんの宮本
「ゆでめん」のみ販売
(10:30〜昼ぐらいまで)
㊡木よう
メダカ・ザリガニ・アメンボ・グッピー…(なんと!?)が泳ぐ水路で、子どもたちが楽しそうに遊んでいた。
東大和市
ほうそう神(天然痘よけの神サマ)がまつられている。
はい、笑って！
ゲッ
ホラ！写真とってくれ!!
19年前からひとりでやってます
タオル

西武多摩湖線
西武狭山線
西武山口線
西武西武園線

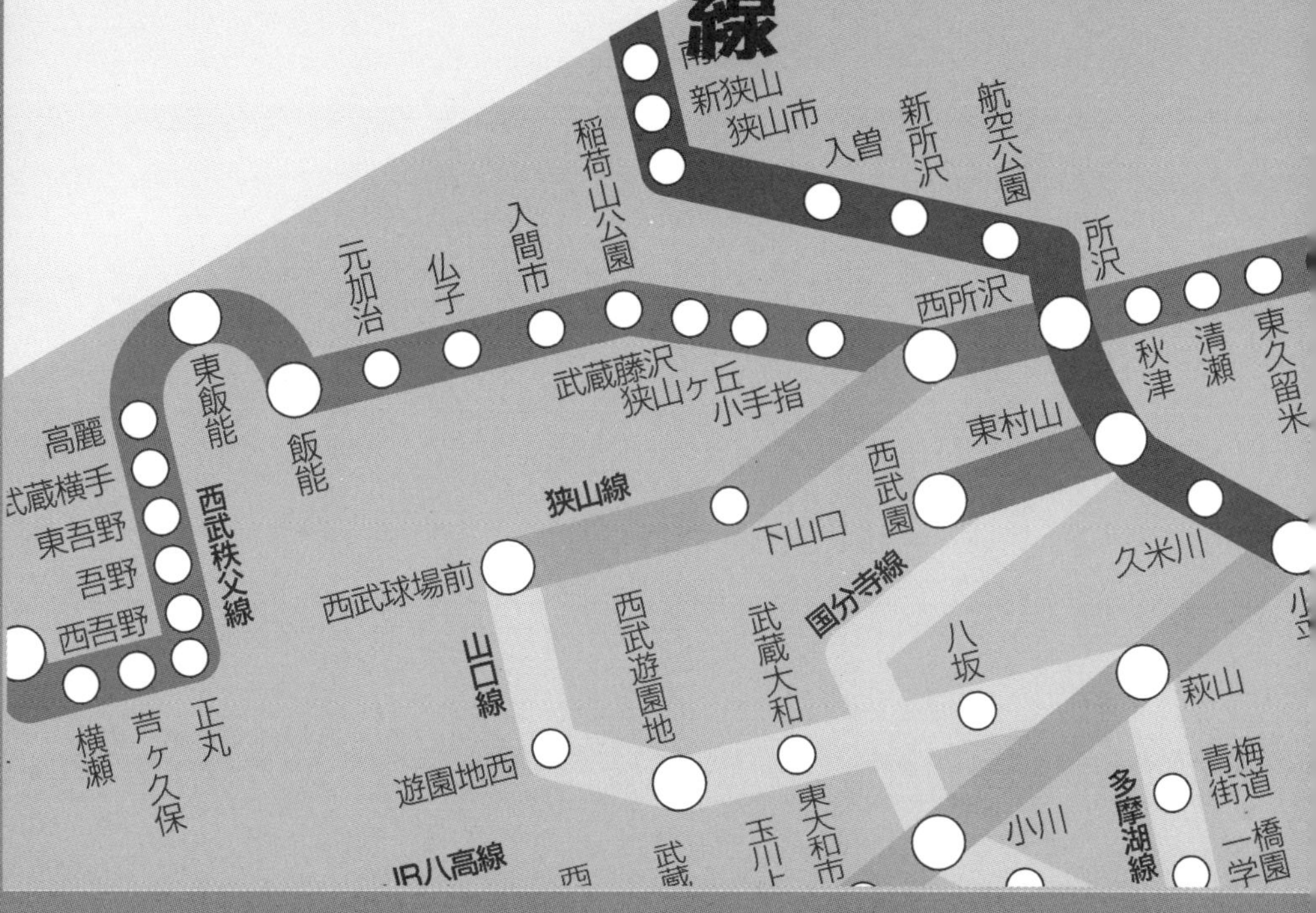

新狭山
狭山市
入曽
新所沢
航空公園
所沢
稲荷山公園
入間市
仏子
元加治
東飯能
飯能
高麗
武蔵横手
東吾野
吾野
西吾野
正丸
芦ケ久保
横瀬
西武秩父線
武蔵藤沢
狭山ケ丘
小手指
西所沢
秋津
清瀬
東久留米
東村山
西武園
狭山線
下山口
西武球場前
国分寺線
久米川
山口線
西武遊園地
武蔵大和
八坂
萩山
遊園地西
東大和市
小川
多摩湖線
青梅街道
一橋学園
JR八高線

西武多摩湖線

青梅街道 ― 一橋学園《ひとつばしがくえん》 ― 国分寺

鈴木遺跡資料館からふれあい下水道館

ホーム一つのかわいい駅だ。駅の東口を出て踏切を渡り、陸上自衛隊小平駐屯地横の道を行く。

あかしあ通りとの十字路を渡ったら、左に少し行ったところにあるペットショップをのぞいてみよう。猛禽類の種類の多さでは定評があり、珍しい小動物も並んでいる。

店を出たらいま来た方向にもどり、小平団地の中を通り抜けて新小金井街道へ。三〇〇mほど北に歩くと鈴木遺跡資料館がある。これは向かいの鈴木小学校を建てる時に見つかった遺跡で、歴史は旧石器時代にまでさかのぼっている。縄文時代、イノシシやシカをつかまえるために掘られた落とし穴の標本も展示されていて、地味ながらも面白い。

帰りは五日市街道までもどり、玉川上水沿いに西武線鷹の台駅まで歩く。途中平櫛田中《ひらぐしでんちゅう》館《かん》に立ち寄ってひと休み、近代木彫の巨匠平櫛田中の作品の落ち着いた雰囲気に心が休まる。

再び上水沿いの道を歩き出す。鷹の台駅が近くなった頃、表示にしたがって左手にわずかに入るとふれあい下水道館の建物が見える。

ふれあい下水道館前のオブジェ

ここでは下水道に関するさまざまな資料が展示されていて、地下五階からは本物の下水道の中に入ることができる。地下二五mの闇から闇へ、いきおいよく流れていく下水道の眺めは、一度見たら当分忘れられない。都会暮らしのあなたに、ぜひおすすめのお散歩びっくりポイント。

ここから鷹の台駅へは一〇分もかからない。

目に効く、心に効く、お散歩コース

駅→鈴木遺跡資料館→平櫛田中館→ふれあい下水道館
【モデルコースタイム　2時間15分】

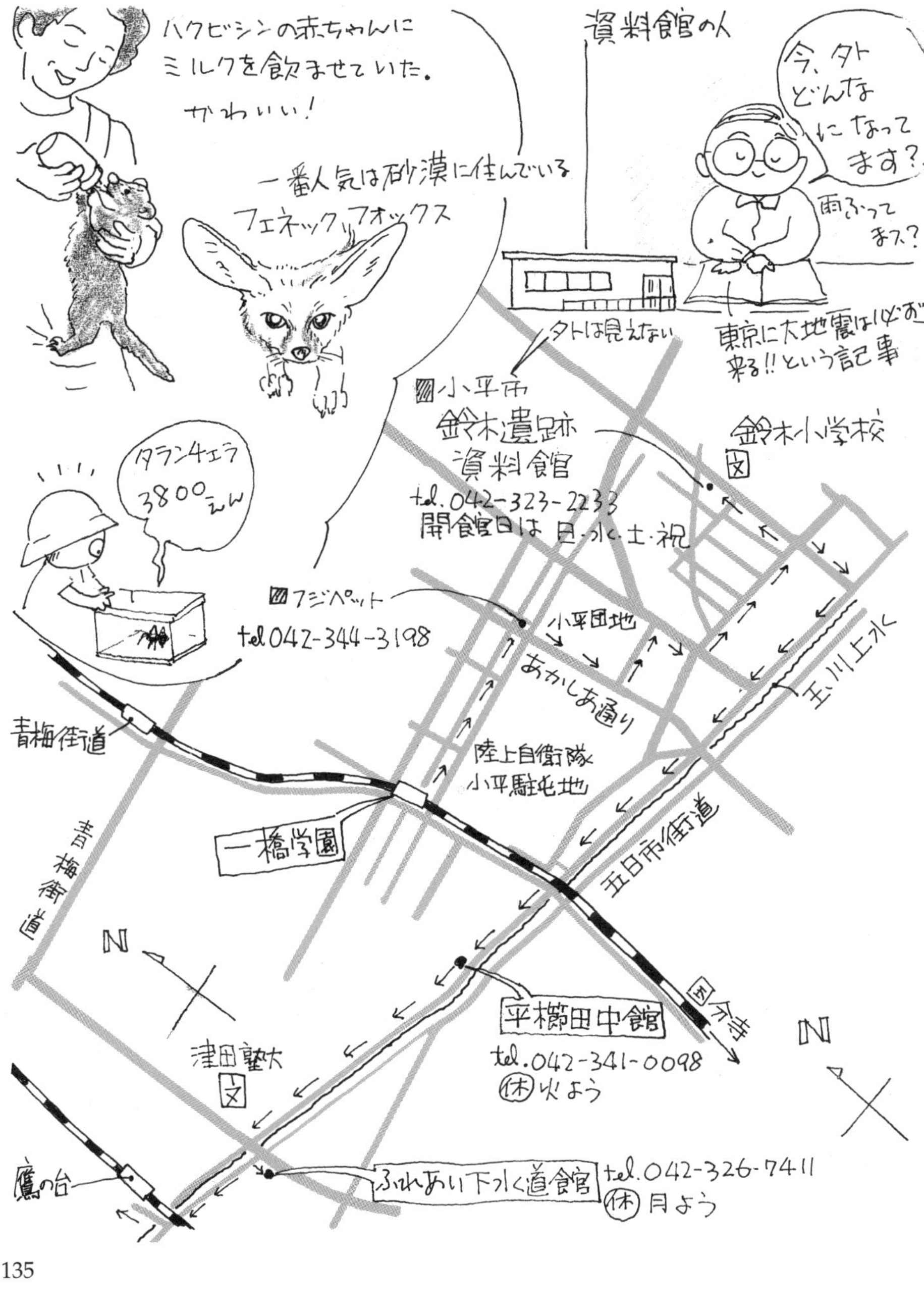

ハクビシンの赤ちゃんにミルクを飲ませていた。
かわいい!
一番人気は砂漠に住んでいるフェネックフォックス
資料館の人
今、外どんなになってます？
雨ふってます？
外は見えない
東京に大地震は必ず来る!!という記事
タランチュラ 3800えん
小平市 鈴木遺跡資料館
tel.042-323-2233
開館日は日・水・土・祝
鈴木小学校
フジペット
tel 042-344-3198
小平団地
あかしあ通り
玉川上水
青梅街道
陸上自衛隊 小平駐屯地
一橋学園
五日市街道
青梅街道
N
国分寺
平櫛田中館
tel.042-341-0098
休 火よう
津田塾大
N
鷹の台
ふれあい下水道館
tel.042-326-7411
休 月よう

西武多摩湖線

萩山 - - - - -

青梅街道

- - - - - 一橋学園

おうめかいどう

平安院から熊野宮へ

その名の通り、青梅街道沿いに作られた小さな駅。あまりにも小さくてかわいい駅なので、気付かずに通り過ぎる人もいるかもしれない。

青梅街道を東に三〇〇mほど歩くと、右手に平安院がある。二百数十年を経た建物は小平市内の寺院の中では最古の物だ。

街道をさらに東に歩くと右手奥に見えてくるのが、熊野宮《くまのぐう》。その昔、このあたりがまだ荒涼とした原野だった頃、一本の榎《えのき》の大木があり、街道を行き交う人々のよい目印になっていたという。その榎の下にまつられたのが一本榎神社とも呼ばれる熊野宮だ。おみくじをたくさん結び付けられた樹齢二百五十〜三百年の夫婦欅《めおとけやき》の下を通って本殿の裏にまわると、三代目の榎が空高く枝を伸ばしている。

しかし、どう見てもこれはムクノキ。いったいどうしてエノキがムクに変わったのだろうか？　二代目から三代目に変わるときにでも取り違えられたのだろうか？

神社の横の空き地には本物の三代目⁉︎　とおぼしきエノキが何本もそびえていて面白い。

青梅街道駅

ちなみに、ムクにはムクエノキという別名があるほどエノキと似ていたので、昔から混同されてきたという。

「椋《むく》になっても木は榎」ということわざは、たとえムクの実がなっても、この木はエノキである、と言い張る強情な様子。

九十年の間、エノキと呼び続けてきたんだもの、いまさら看板を書き替えられないねえ ｜、一本椋の木神社なんて。

これはエノキか、ムクノキか

駅→平安院→熊野宮
【モデルコースタイム　1時間20分】

西武多摩湖線

武蔵大和 ----

八坂・萩山

---- 青梅街道

やさか・はぎやま

多摩湖自転車道から東村山中央公園へ

萩山は西武線乗換えの要所で、駅前の印象はプールと高層住宅だ。しかし、駅を出た目の前には、さあ、歩いてくださいといわんばかりに伸びている多摩湖自転車道がある。この道から散歩を始めよう。

閑散とした駅前をあとに、まずは歩き出す。右手にテニスコート、その隣に雑木林の美しい萩山公園がある。

教会を過ぎたあたりからは桜の大木が並び、その下にベンチも備えられている。桜はヤマザクラが植栽されていて、ソメイヨシノとはまた違う、しみじみとした趣だ。

今日は天気がよいせいか、多摩湖から歩いてきたらしいリュックサック姿の中年グループと何度もすれ違う。すぐに八坂駅。建て替えられたばかりで、まだ新しい。

府中街道を渡ってさらに進み、国分寺線の踏切の先、富士見文化センターの横から東村山中央公園に入る。芝生と雑木林の広大な公園では子どもからお年寄りまで、ゲームやスポーツなどをそれぞれに楽しんでいる。遠くにブリヂストン工場の煙突が見えている。

中央広場のマイマイ池は小さい子供用の水遊び場だが、形が面白い。ゴールデンウィークや夏休みにならないと水が出ないのが残念。

公園の西は自然林をそのまま生かした野鳥

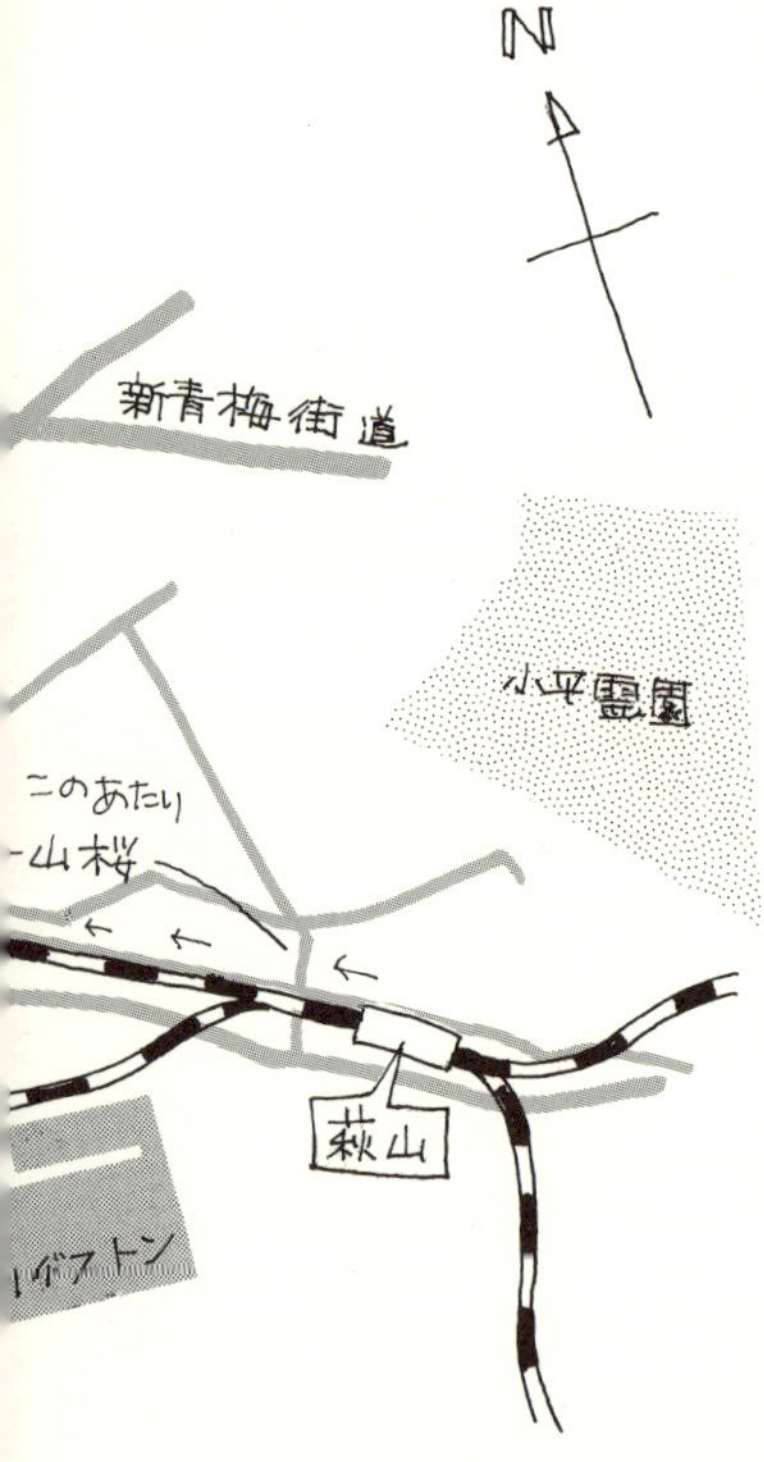

さあ、歩いてください、緑したたる自転車道

萩山駅→萩山公園→八坂駅→東村山中央公園
【モデルコースタイム　1時間15分】

観察施設になっている。ひとまわりしたら公園を出て歩道橋で線路を渡り、再び多摩湖自転車道にもどる。

八坂駅にもどってもよいが、そのまま進んで行けば東村山浄水場の横を通って武蔵大和の駅も近い。いっそ多摩湖まで足をのばそう。

東村山中央公園

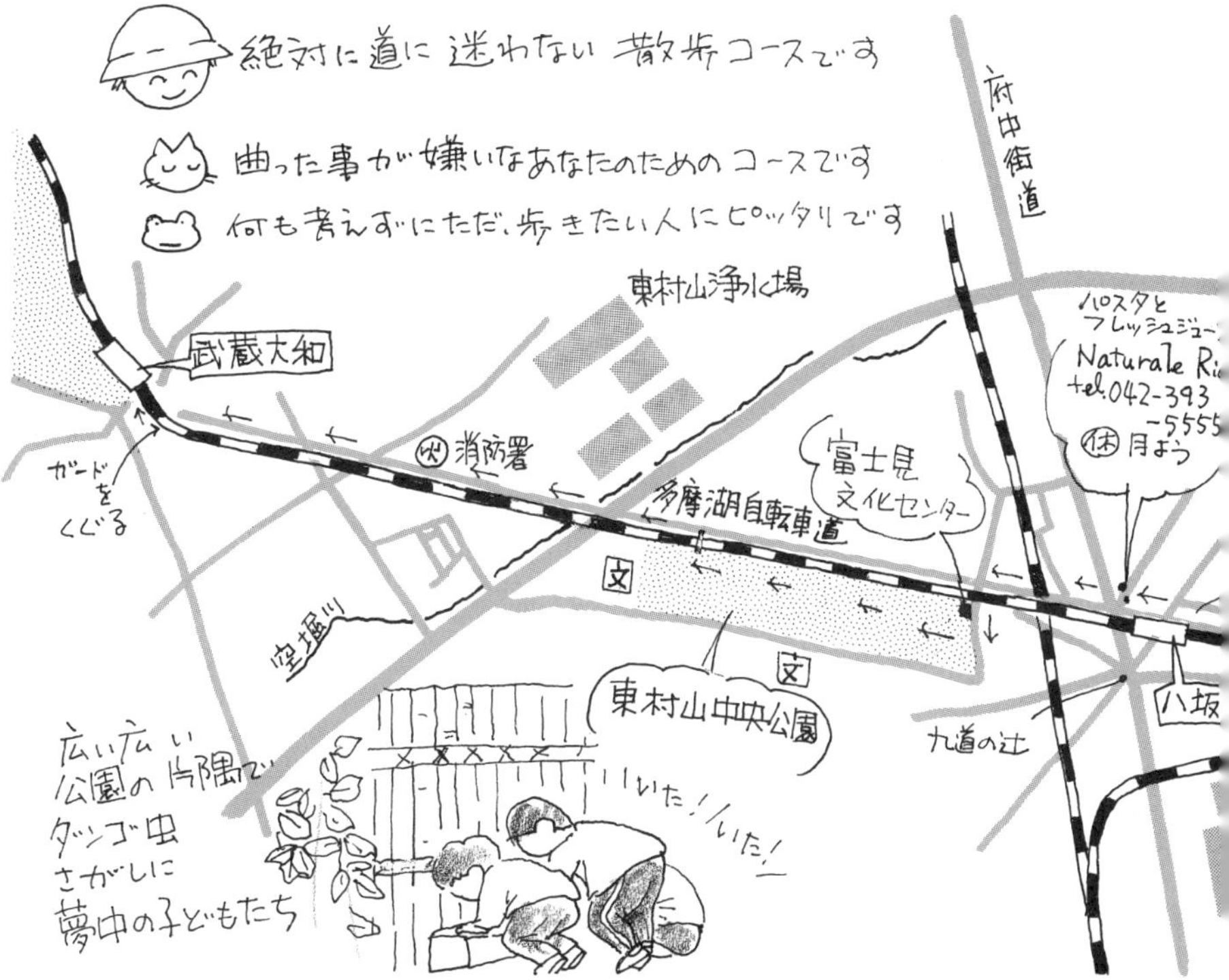
絶対に道に迷わない散歩コースです
曲った事が嫌いなあなたのためのコースです
何も考えずにただ歩きたい人にピッタリです
府中街道
東村山浄水場
武蔵大和
ガードをくぐる
消防署
多摩湖自転車道
富士見文化センター
パスタとフレッシュジュー
tel.042-393-5555
休 月よう
空堀川
文
東村山中央公園
八坂
九道の辻
広い広い公園の片隅でダンゴ虫さがしに夢中の子どもたち
いた!いた!

武蔵大和・西武遊園地・遊園地西・西武球場前 ----- 八坂

むさしやまと・せいぶゆうえんち・ゆうえんちにし・せいぶきゅうじょうまえ

多摩湖自転車道から大恐竜探険館へ

天気がいいからどこか散歩に行ってみよう！　小さな子どもと話がまとまったら、お弁当を持ってこんな半日コースもおすすめ。

西武遊園地駅の一つ手前、武蔵大和駅で電車を降り、駅のすぐ横を走っている多摩湖自転車道に入って歩き出す。最初から登り坂になるが、十五分も歩けば狭山公園の入り口に着く。坂を登ったあと目の前に広がる多摩湖の景色を見れば、子どもでなくとも「わあーっ」と声があがるだろう。

堤防の上を歩きながら、湖の広々とした眺めを楽しんだら、右下の緑地でお弁当を広げよう。大人の散歩ならここで昼寝といきたいところだ。

公園を出て、西武遊園地駅へ。レオライナーに乗って走り出すと、窓の外ものんびりしていて、なんだか遊園地の乗り物に乗っているようだ。

途中、遊園地西駅に停車してゴルフ場、西武球場を横目で見ながら西武球場前駅まで。

西武ドームをのぞいたら、歩道橋を渡ってユネスコ村大恐竜探検館へ行ってみよう。

多摩湖

館内をまわるライド（ボートのような物）は一番前の席に座り、一度と言わずにもう一度、今度は子どもだけで探検に行かせてみるといい。つくりものとはいえ、結構な迫力があって楽しめる。館の外ではＵＦＯに乗って上空から湖を眺めることもできる。

狭山山《さやまさん》不動《ふどう》寺にも行ってみたいが、ここで子どもの同意を得るのはむずかしい……。

ずらりとホームが並んだ西武球場前駅にもどろう。

湖畔でお昼寝もいい

武蔵大和駅→多摩湖自転車道→多摩湖→ユネスコ村大恐竜探険館
【モデルコースタイム　40分】

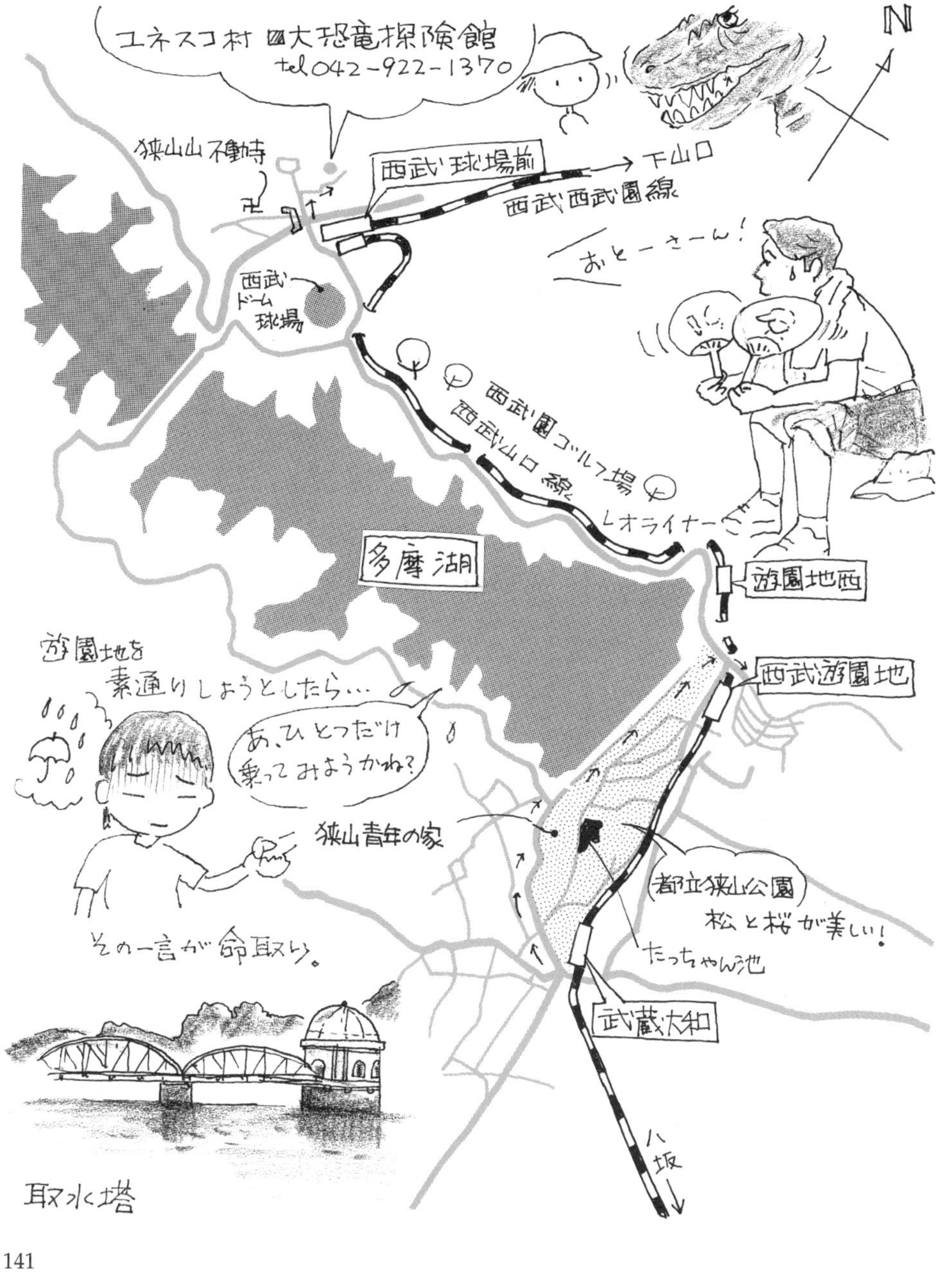

西武狭山線

西武球場前 ‐‐‐ **下山口** ‐‐‐ 西所沢

下山口

荒幡富士登山

今日の目的は「富士登山」。

富士山信仰による人工の富士山、富士塚は江戸から明治時代にかけて数多く造られたというが、ここ荒幡《あらはた》にある荒幡富士はその中でも規模、形、頂上からの眺めが群を抜いている。

下山口駅前の踏切を渡り、指導標にしたがって歩き出す。住宅地を流れる小さな川ではアヒルがのんびりエサを食べていて、いかにも春らしい。

登山口まで駅から二〇分ほどの道のりだが、民家の庭先や生垣にいろいろな花が咲いていて目を楽しませてくれる。

ふれあいの里センターでひと休みしてさっそく登頂を開始。高さ約一〇mだがつづれ折りの登山道のかたわらには一合目、二合目…、と合目石も立っている。ひと足ごとに高さを実感し、いざ頂上に立ってみれば、あっと驚く大展望。「よくぞ造ってくださった！」という気になることまちがいなし。

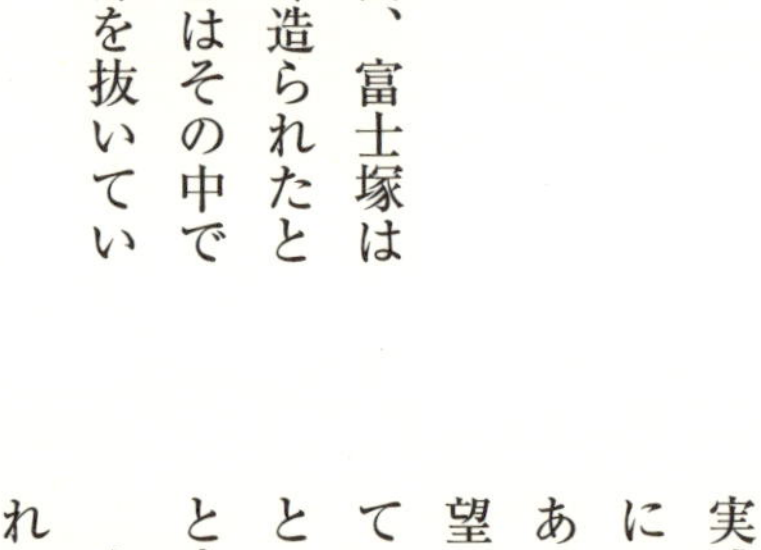
荒幡富士

空気が澄んでいれば富士山をはじめ、丹沢方面の見晴らしがよい。しばらくは山々の眺めを楽しもう。

チガヤの穂が風にゆれる荒幡富士をあとにして、鳩峯八幡《はとみねはちまん》神社へ向かう。高台の住宅地からは所沢の市街地がよく見えて気持よい。いったん平地におりて、神社の参道まで歩く。

薄暗い神社の森から明るい雑木林へと続くここからのコースは野鳥も多く、足元の草花も種類が多いのが特徴とのこと。

浄水場の横を通って車道に出たらゴルフ場沿いにふれあいの里センターにもどる。

富士に登って富士を見る

駅→ふれあいの里センター→荒幡富士頂上→鳩峯八幡神社
【モデルコースタイム　1時間50分】

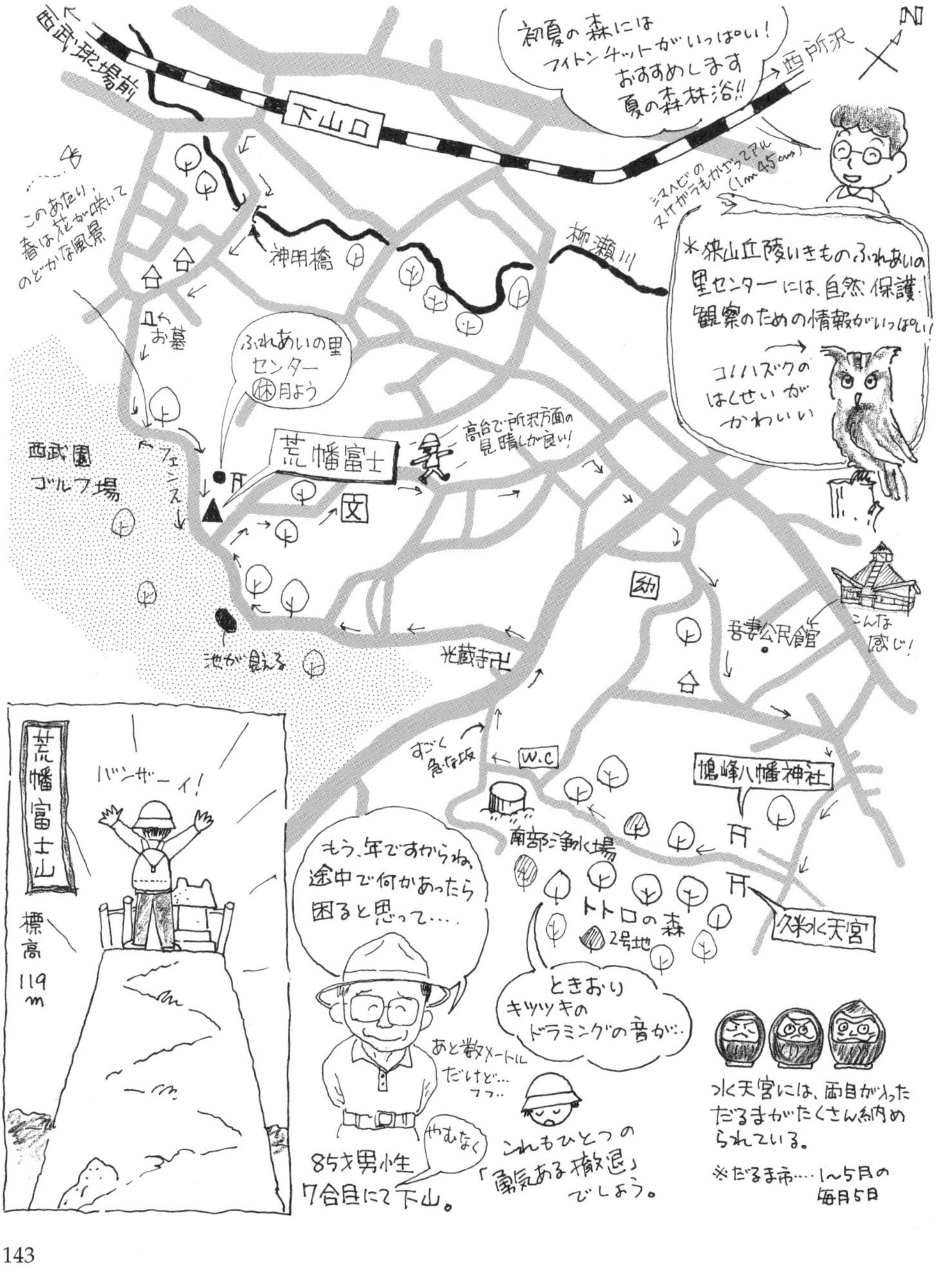

西武西武園線

西武園《せいぶえん》 ‐‐‐‐ 東村山

八国山から将軍塚へ

西武園ゴルフ場、競輪場が近い。しかし、平日で競輪が開催されない日は閑散として静かな駅だ。

駅前から見える芝生の丘から八国山に入っていこう。

東村山市と所沢市の境にあるこの山はすぐ足元まで住宅地の波が押し寄せてきている。しかし嬉しいことに、雑木林で野鳥も多い。新緑の頃、そして木の葉が色づく秋、毎日散歩しても飽きることがないだろう。

所沢側には木の間越しにトトロの森（ナショナルトラスト運動により、市民の手で守られている）が見えかくれ、東村山側にはアカマツの多い明るい斜面があり、よく手入れされている。

尾根道をそのまま行けば、新田義貞《にったよしさだ》が陣を置いたという将軍塚があるが、手前で二つ池に降りる道を行く（将軍塚の先で山を降り、東村山に出てもよい）。

小学校の裏手に降りたら、前方に見える雑木林の丘を目指して住宅地の中の道を歩いていこう。

八国山

通信施設のある丘からは多摩湖の堤防や、遊園地が一望でき、反対側からは東村山方面の見晴らしがよい。

高台の住宅地の中を行くと小学校の前に出るので、正門前の細い道を下れば武蔵大和駅はすぐそこだ。ここまで来たら、多摩湖まで足をのばし、堤防の上から今まで歩いてきたあたりを眺めて帰るといい。

思わず、「人間の足ってすごいわねー」とつぶやきたくなる。

駅から3分で森の中

駅→八国山→将軍塚→多摩湖
【モデルコースタイム　1時間10分】

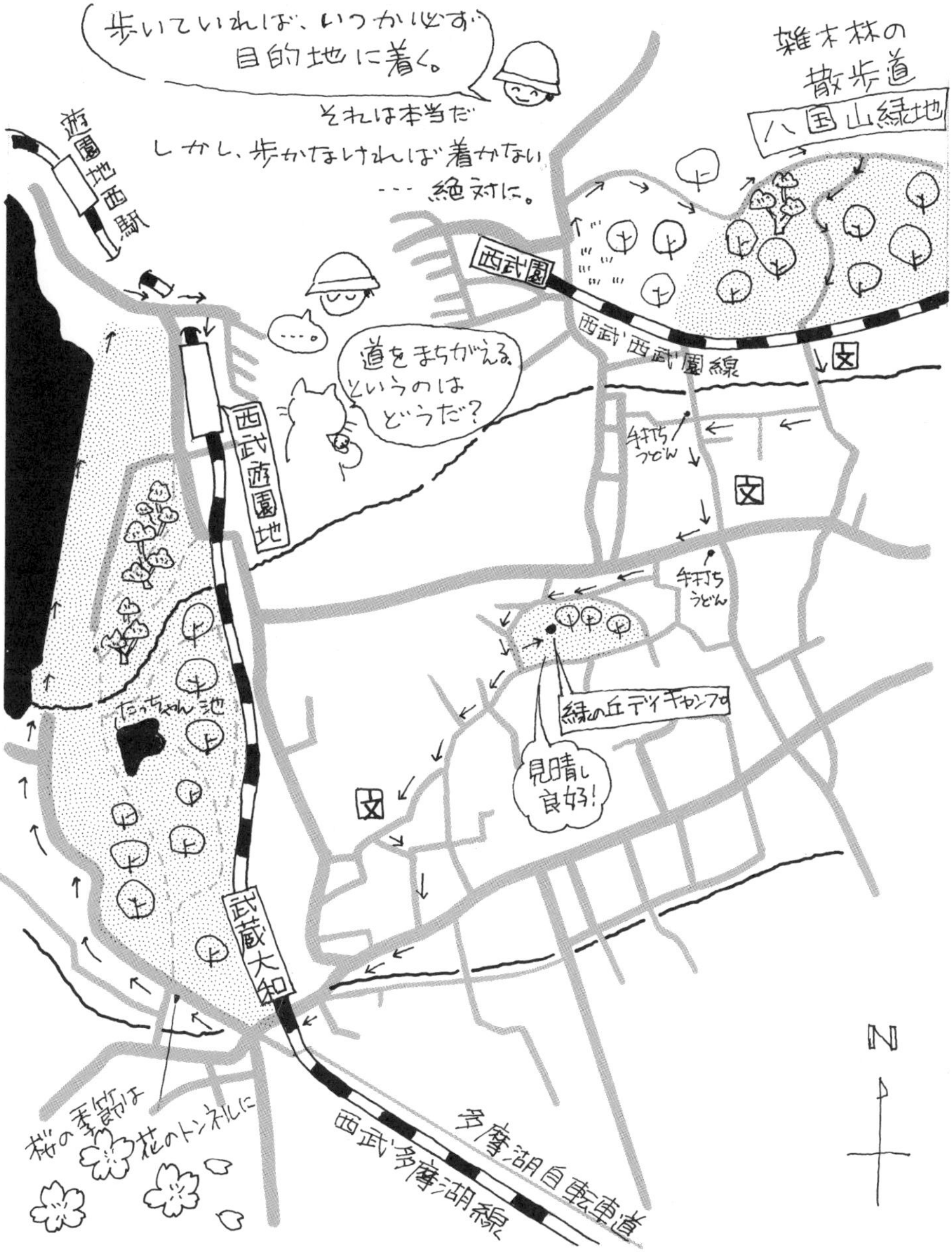

西武多摩川線

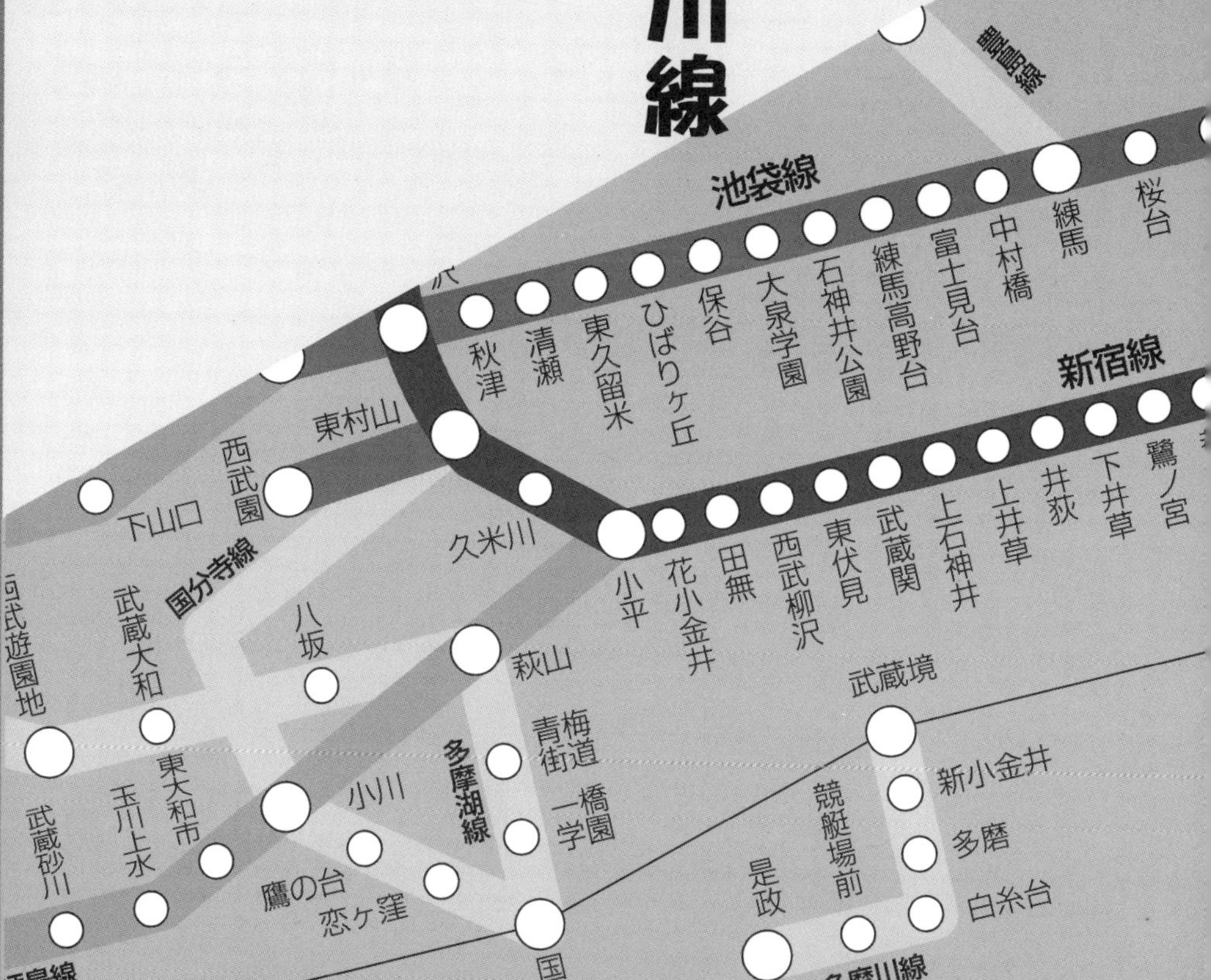
豊島線
池袋線
桜台
練馬
中村橋
富士見台
練馬高野台
石神井公園
大泉学園
保谷
ひばりヶ丘
東久留米
清瀬
秋津
新宿線
鷺ノ宮
下井草
井荻
上井草
上石神井
武蔵関
東伏見
西武柳沢
田無
花小金井
小平
久米川
東村山
西武園
下山口
国分寺線
武蔵大和
八坂
萩山
青梅街道
一橋学園
多摩湖線
小川
東大和市
玉川上水
武蔵砂川
鷹の台
恋ケ窪
武蔵境
新小金井
多磨
白糸台
競艇場前
是政
多摩川線

西武多摩川線

新小金井 ‐‐‐‐‐

武蔵境

むさしさかい

本村公園から玉川上水へ

西武多摩川線は、中央線の下りと同じホームから発着している。あわただしい中央線の駅の片隅（!?）でのんびりと乗客を待つレモンイエローの電車に乗って半日散歩に出掛けよう。

まず、スタートは始発駅の武蔵境から。

駅の南口を降り、杵築大社《きづきたいしゃ》までは五分ほど。境内には千本イチョウと呼ばれる市天然記念物のイチョウがそびえ、富士浅間神社をまつった富士塚もある。神社を出たら、日本獣医畜産大学の赤い屋根を見ながら、踏切を渡って本村公園の遊歩道へ。

武蔵境駅から浄水場まで続くこの細長い公園は、かつて資材運搬用に作られた鉄道引込み線の跡地だ。道に沿ってコナラやクスノキ、マテバシイなどが植えられ、緑陰の散歩が楽しめる。

浄水場の手前で玉川上水に突き当たったら、左手に折れ、しばらくは上水沿いに歩く。サクラやヤナギなど、けっこう太い木も多い。

まっすぐ桜橋まで行ってもよいが、中学校の角を曲がって高橋家の大ケヤキを見ていこう。樹齢三百年といわれる堂々とした大木だ。

再び玉川上水にもどり、国木田独歩の碑、うどの碑を見て歩いてもいいし、新緑の頃なら武蔵野青年の家に隣接した境山野公園の雑木林がおすすめだ。

帰りは公団通りと亜細亜大学通りをむすぶ、花の通学路を通って駅にもどろう。

ツツジやコブシの花の咲く小路に、つくしんぼうの形をした時計がかわいい。

日本獣医畜産大学

武蔵野の緑陰を楽しむ

駅→杵築大社→本村公園→玉川上水→境山野公園
【モデルコースタイム　1時間30分】

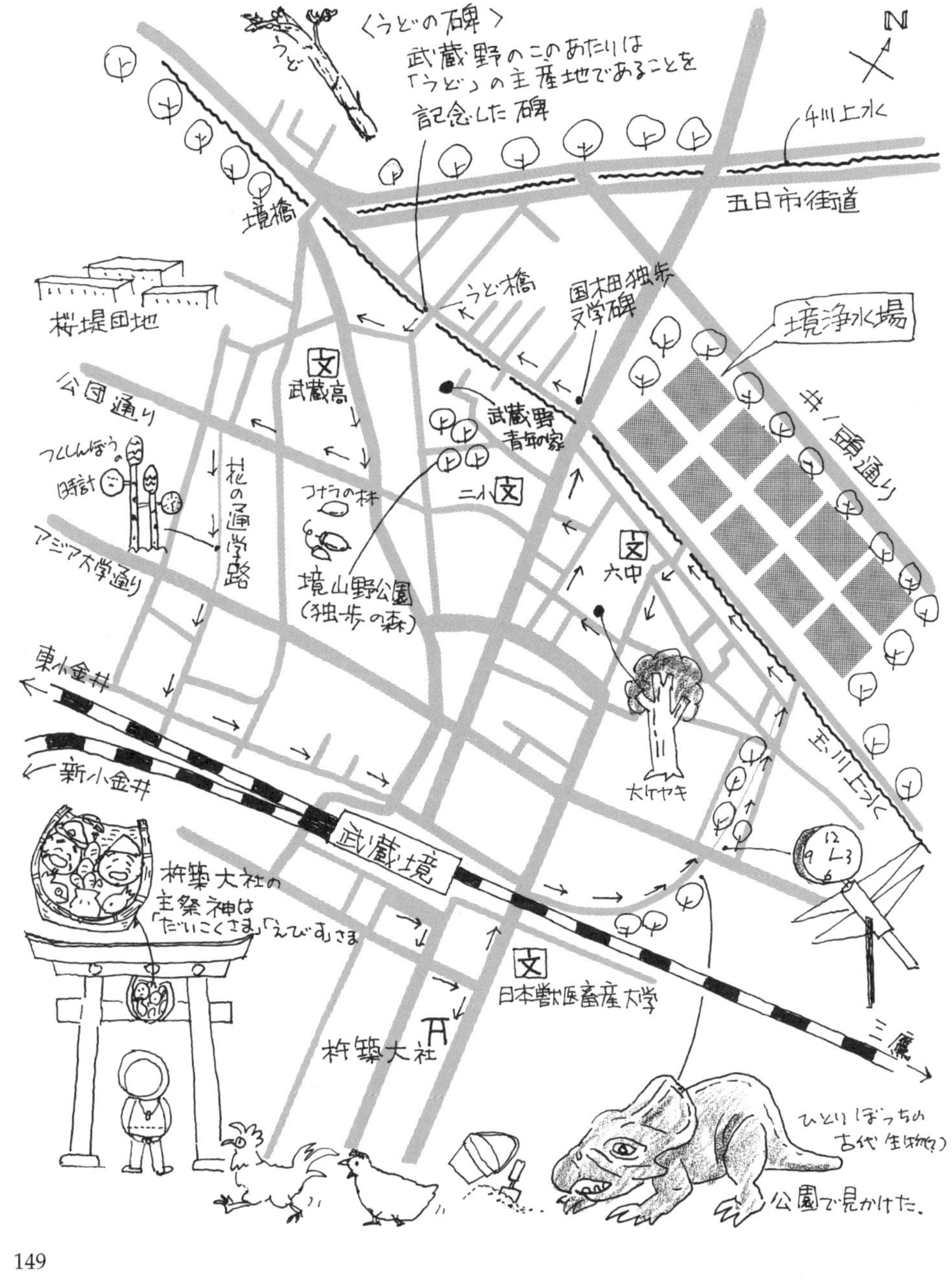

西武多摩川線

多磨　――――　**新小金井**　――――　武蔵境

しんこがねい

野川から中村研一美術館へ

新小金井駅から野川までは住宅地の中の道を歩く。公園に下る坂道の途中で、ちょっとだけ遠くの山々が見えるのがイイ感じ。

二枚橋から野川沿いに上流に歩いていけば、川向こうの武蔵野公園の緑が目にさわやかだ。

中村研一《なかむらけんいち》美術館へは川沿いの遊歩道からはけの小路を通って行ってみよう。「はけ」とは段丘《だんきゅう》の下に水が湧き出しているところで、むかしからそう呼ばれてきた。このあたり一帯の国分寺崖線《こくぶんじがいせん》からは、あちこちから水が湧き出し、野川へと流れこんでいる。

緑の中の美術館で絵を鑑賞したら裏手にまわって氏の旧住居に作られた喫茶室「花侵庵《かしんあん》」でひと休みするのもよい。静かな室内でコーヒーを飲んでいると、まるでどこかの山荘にいるようだ。もちろん庭にも湧き水があり野鳥ののどをうるおしている。

帰りは美術館前のはけの道を右手にとり、果樹園の先の十字路を右折。連雀《れんじゃく》通りを横切ってその先の農工大通りに入る。

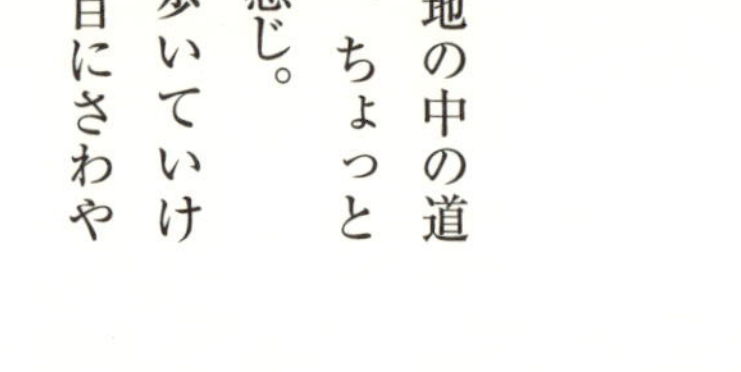

花侵庵

農工大はオープンな雰囲気で、近所の人も東小金井駅に行く近道に使っているらしい。

日曜日の静かなキャンパスを通り抜け、栗山公園に入る。公園内に栗山公園健康運動センターがあり、地下には温水プールがある。大きくはないが、自然光を利用し、すぐ横に円形のジャグジーもある。市民のかくれたリラックスポイントと見た。

東小金井駅も近いが、もう一度のんびりした駅のベンチに座ってみたいと思い、新小金井の駅に向かった。

住宅地の小さな駅から湧水の野川へ

駅→二枚橋→中村研一美術館→農工大キャンパス→栗山公園
【モデルコースタイム　1時間40分】

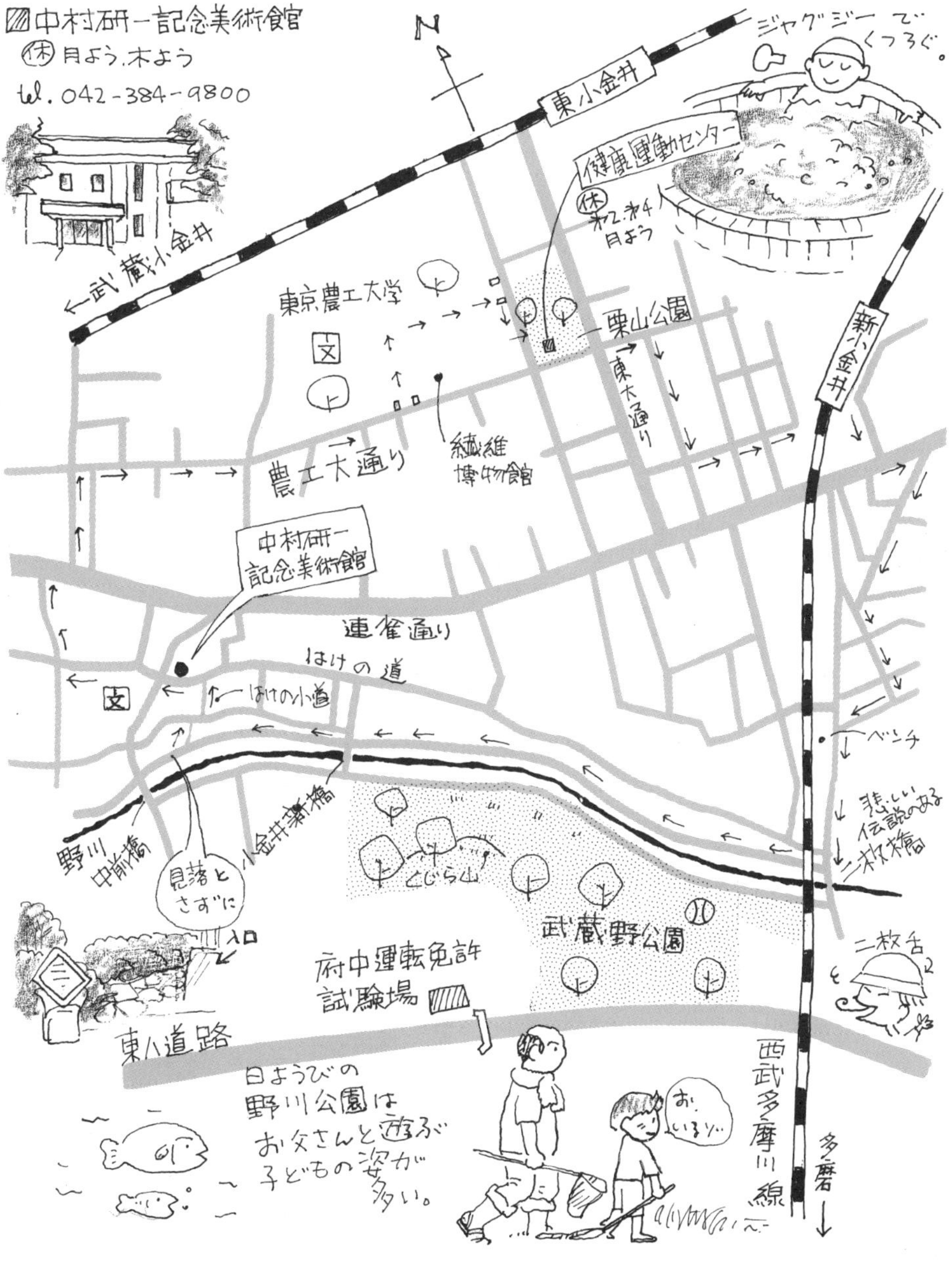

西武多摩川線

白糸台 - - - - 多磨 - - - - 新小金井

たま

多磨霊園から武蔵野公園、野川公園へ

多磨霊園は大正十二年に開設された日本最大の公園墓地だ。墓地の中にバス停が二つもある……といえば、その広さを少しはわかってもらえるだろうか。管理事務所で簡単な地図をもらえるので、著名人の墓を訪ねてみよう（より詳しい地図と人物の略歴を記したものもある。ただし有料）。

墓地はすべて番号を付けて整理されているが、目指すところになかなかたどりつけない。たまたま通りかかった年配の男性が案内してくれることになった。毎日のように散歩に来て、著名人の命日にはその人のお墓にお参りもしているという。

一挙にガイド付きの霊園ツアーとなった私たちは、次から次へといろいろな人の墓に案内してもらった。吉川英治、岡本太郎、北原白秋……しだれ桜が咲く頃がおすすめとのこと。

霊園を出て東八道路を横切り、府中運転免許試験場の先で武蔵野公園に入る。新緑の頃は気持ちがよさそうだ。すぐ脇を流れている野川に沿って歩いていこう。西武多摩川線を越えたところで都立野川公園に入る。

野川沿いに歩く

芝生でのんびりとくつろぐ人を横目にさらに進み、御狩野橋で右折すれば近藤勇の墓がある龍源寺《りゅうげんじ》が近い。本堂裏手にある墓には新しい花と酒が供えられ、かたわらには墓参に来た人のためのノートが備えつけられていた。遠くからも熱心な近藤勇ファンが来ていて、しかも若い人が多い。

途中、近藤勇生家跡を見て人見街道を多磨駅にもどる。

日本最大の公園墓地で、著名人の墓を探訪

駅→多磨霊園→武蔵野公園→野川公園→龍源寺
【モデルコースタイム　1時間50分】

N
新小金井
スケートボードの格好の練習場所となっている
二枚橋
国際基督教大
富士見大橋
御狩野橋
龍源寺
都立野川公園
武蔵野公園
近藤勇生家跡
府中運転免許試験場
アメリカンスクール
墓地のニワトリにとびげりされました…。
キャー!
西武多摩川線
バス通り
多磨霊園
管理事務所
多磨
正門
著名人のお墓が多くてとても書ききれません
管理事務所で案内図をもらいましょう。
手帳には著名人の命日がズラリと記入されている。
歌ってみせましょうか?
案内してくれた人
浅間山
さがしてみるべし
わぁ…
さすが…
岡本太郎の墓
中には楽符を彫った石碑もある…(歌詞つき)
白糸台

西武多摩川線

競艇場前 ―――

白糸台

――― 多磨

しらいとだい

東郷寺から東京競馬場へ

東郷寺《とうごうじ》のしだれ桜はほかよりも、ひとあし早く花を咲かせるようだ。立派な山門に続く石段に何人もの人が腰をおろして飽かずに花を眺めている。

お寺の南側の細い道は、いききの道と呼ばれている。旧甲州街道の一部で、多摩川が材木運搬に使われていた時代には青梅や秋川からいかだを運んできた乗り方が多摩川にいかだを繋ぎ、府中のいかだ宿に行くためにこの道を通ったので、いかだ道とも呼ばれている。

この道を東京競馬場方面に歩いてみよう。途中、ご神木《しんぼく》のケヤキの下に滝神社がまつられていて、その横にはお滝と呼ばれる湧き水がある。近くの大國魂《おおくにたま》神社の大祭に参加する神職、神人、神馬が、この滝で身を清めるという神聖な滝（湧き水）だ。

道はすぐその先で大きな道路にぶつかって消えてしまう。

目の前の東京競馬場に立ち寄ろう。開催日以外では、水・木曜日に入場できる。今日は場外馬券売り場になっている。

中に入ると、なんと！　芝生の上には小さな子ども連れの姿がいっぱい‼　そればかりか、ポニーに乗る順番を待つ子どもの列、ミニＳＬに歓声を上げる子供たち、まるで遊園地か公園に来たようだ。しかし、よく見ればお父さんは皆、競馬新聞をくいいるように読んでいるし、馬も走っていない観客席に座る人たちは大型スクリーンに映し出された中山競馬場のレースに一喜一憂している。めったにない、家族の賛同を得られる場外馬券売り場なのであった。

あなたもどうぞ、ご家族で！

東郷寺のしだれ桜

しだれ桜、いかだ道、お滝、そして競馬場へ

駅→東郷寺→滝神社→東京競馬場
【モデルコースタイム　1時間50分】

乗馬センター
競馬開催日の土、日（場外馬券の日も）
14:00～15:00まで
ポニーの試乗会をしています
小学5年生以下で
先着150名まで。
ほら、さわってごらん
N
多磨
白糸台
図
登喜和食品
tel.042-361-3171
手作りと
国産大豆に
こだわった
納豆が
13種類
西武多摩川線
多磨霊園
京王電鉄京王線
競艇場前
東郷寺
おっかな
びっくり…
（大人も…）
東府中
滝神社
庚申塔
う～ん…
東門
JRA競馬
博物館
乗馬
センター
芝生コーナー
東京競馬場
どうしても、
西武線の駅に帰る人は…
西武多摩川線是政駅へ（P.158参照）

西武多摩川線

是政 ━ ━ ━ ━ **競艇場前** ━ ━ ━ ━ 白糸台

競艇場前

きょうていじょうまえ

競艇場から多摩川の水辺へ

競艇場のほうからモーターボートの音が聞こえてくる。

そうか、今日はレースがあるんだ……。駅から競艇場まで続く通路には中年男性が黙々と歩いている。

入り口まで行ってガードマンのおじさんに聞いてみると、「改札で百円払えばどなたでも競艇をお楽しみいただけます」とのこと、思い切って入ってみることにした。

どなたでも入れることは入れるが、圧倒的に男性が多い。

水しぶきを上げて飛んでいくようなボートは迫力があるが、観客席からは歓声が上がるでもなく、レースの合間にはブツブツひとりごとを言う声や、最近どうかね？　みたいな話し声が耳に入る。大方の予想通りにレースが進んでいるということだろうか。

二レースほど見て競艇場をあとにした。前の食堂のオバサンたちもまだ昼を過ぎたばかりなので手持ち無沙汰そうだ。がらんとした店内からおでんのにおいが漂ってくる。

親水公園

小柳緑道を歩き、小柳公園から多摩川に出てみた、空が広々として気持ちがいい。

河川敷には多摩川をイメージして作った親水公園があり、小さな子供たちも安心して水遊びができる。

ここからは水鳥の姿を見ながら水辺を歩いていこう。

進行方向に見える是政橋から右折すればすぐ是政駅。サイクリング道路をそのまま歩いていけば府中郷土の森が近い。

西武多摩川線

是政《これまさ》

競艇場前

土手を歩いて、郷土の森へ

どこからか梅の香りが漂ってくるようになったら、青い空の広がる多摩川の土手に春を探しにいこう。

是政の駅から多摩川までは五分足らず、広々とした風景の中をサイクリング道路がどこまでも続いている。

足元の枯れ草の中にはイヌフグリの小さな青い花や、ヨモギの葉が顔を出し、セキレイやムクドリなど野鳥の姿も多い。

サイクリング道路を一五分ほど歩いたら、府中市郷土の森に入ってみよう。古民家園のレトロな建物の奥に、約七十種千三百本の梅が植えられている。園内には博物館やプラネタリウムもあり、ここだけでも一日ゆっくりと過ごすことができる。

ひと休みして春の香りをじゅうぶんに満喫したら、次はサントリー武蔵野ビール工場見学。

ガイドさんの説明で、ビールの原料紹介から缶詰ラインの見学、できたて生ビールの試飲まで約一時間のコース。三〇分おきにスタートのガイドウォークはひとりでも気軽に参加する事ができる。

さて、主婦のお散歩ならここからは大東京綜合卸売センターへ。

生鮮食品から日用雑貨まで、ずらりと並んだ百店舗の専門店で誰でも買い物ができる。昼時ならおすすめはセンター内エスポアールの刺身定食、まぐろ専門店の経営といえばあとは推して知るべし。腹ごなしに府中競馬場をひとまわりして帰ろう。

各施設、休園休館日にご注意。

どこまでも続くサイクリング道路

興奮の競艇場のあとは、広々とした多摩川河川敷へ

競艇場前駅→多摩川競艇場→小柳公園→親水公園
【モデルコースタイム　1時間】

春一番のお散歩は多摩川に

是政駅→府中郷土の森→サントリー武蔵野ビール工場→綜合卸売センター
【モデルコースタイム　2時間】

☎03-3319-9221
入館無料
月曜、第3日曜休

中村研一美術館（P.150 新小金井）
小金井市中町1-11-3
☎042-384-9800
入館料700円
月曜、木曜休

練馬区立美術館（P.16 中村橋·富士見台）
練馬区貫井1-36-16
☎03-3577-1821
入館無料
火曜休

野崎美術館（P.94 小平）
東久留米市柳窪4-1-21
☎0424-72-7751
入館料700円
火曜休

林芙美子記念館
（P.72 中井・下落合・高田馬場）
新宿区中井2-20-1
☎03-5996-9207
入館料150円
月曜休（祝日は翌日休）

飯能市郷土館（P.48 飯能）
飯能市飯能258-1
☎0429-72-1414
入館無料
月曜、祝日の翌日休

東村山ふるさと歴史館（P.98 東村山）
東村山市諏訪町1-6-3
☎042-396-3800
入館無料
月曜休

平櫛田中館（P.134 一橋学園）
小平市学園西町1-7-5
☎042-341-0098
入館料200円
火曜（祝日は翌日休）

府中市郷土の森（P.157 是政）
府中市南町6-32
☎042-368-7921
入園料100円
プラネタリウム500円（入園料含む）
第1月曜休（祝日は翌日休）

ふれあい下水道館（P.134 一橋学園）
小平市上水本町1-25-31
☎042-326-7411
入館無料
月曜休（祝日は翌日休）

ふれあいの里センター（P.142 下山口）
所沢市荒幡782
☎042-939-9412
入館無料
月曜、祝日の翌日休

三ヶ島葭子資料室（P.36 狭山ヶ丘）
所沢市三ヶ島5-1639-1
所沢市立三ヶ島公民館内
☎042-948-1204
入館無料
月曜、祝日の翌日休

武蔵野音大楽器博物館（P.10 江古田）
武蔵野音楽大学江古田校地
練馬区羽沢1-13-1
☎03-3992-1410
入館無料
原則として毎週水曜に一般公開

目白学園遺跡
（P.72 中井・下落合・高田馬場）
新宿区中落合4-31-1
☎03-5996-3115（目白学園）
入館無料
土日祝休

ユネスコ村大恐竜探険館
（P.140 武蔵大和・西武遊園地ほか）
所沢市上山口2227
☎042-922-1370
入館料大人1300円小人600円
3〜7月と9〜11月の火水曜休
8月は無休、12〜3月は土日祝のみ

嫁菜の花美術館（P.74 新井薬師前）
中野区野方1-25-9
☎03-3387-7777
入館料300円
月曜休（祝日は翌日休）

博物館・美術館・資料館ほか

入間市博物館（P.42 入間市）
入間市二本木100
☎042-934-7711
入館料200円
月曜、第4火曜休

いわさきちひろ絵本美術館
（P.82 上石神井・上井草）
練馬区下石神井4-7-2
☎03-3995-0820
（2002年秋まで休館）

おもちゃ美術館（P.74 新井薬師前）
中野区新井2-12-10
☎03-3387-5461
入館料500円
火曜、金曜休

科学教育センター（P.80 井荻・下井草）
杉並区清水3-3-13
☎03-3396-4391

加藤近代美術館（P.68 西武秩父）
秩父市本町3-1
☎0494-24-3222
入館料500円
月曜休

唐澤博物館（P.12 桜台）
練馬区豊玉北3-5-5
☎03-3991-3065
入館料700円
見学は完全予約制

熊谷守一美術館（P.8 東長崎・椎名町）
豊島区千早2-27-6
☎03-3957-3779
入館料500円
月曜休

国分寺市文化財保存館（P.124 国分寺）
国分寺市西元町1-13-16
☎042-321-0420
入館無料
月曜休（祝日は翌日休）

狭山市立博物館（P.40 稲荷山公園）
狭山市稲荷山1-23-1
☎042-955-3804
入館料150円
月曜、第4金曜、祝日の翌日休

松明堂ギャラリー（P.129 鷹の台）
小平市たかの台44-9
☎042-341-1455
入館無料
不定休

染の里 二葉苑
（P.72 中井・下落合・高田馬場）
新宿区上落合2-3-2
☎03-3364-0544
入館無料
土日祝休

東京染ものがたり博物館
（P.73 高田馬場・下落合・中井）
新宿区西早稲田3-6-14
☎03-3987-0701
入館無料
土日祝休

所沢航空発祥記念館（P.101 航空公園）
所沢市並木1-13
（県営所沢航空記念公園内）
☎042-996-2225
展示館520円
大型映像館630円
共通割引券830円
月曜（祝日は翌日休）

所沢市立埋蔵文化財調査センター
（P.34 小手指）
所沢市北野2749-1
☎042-947-0012
入館無料
土日祝休

中野区立歴史民俗資料館
（P.75 野方・沼袋）
中野区江古田4-3-4

東京大学大学院農学生命科学研究科付属演習林・農場（P.90 田無）
演習林
西東京市緑町1-1-8
☎0424-61-1528
農場
西東京市緑町1-1-1
☎0424-63-1611
土日祝休

東京都薬用植物園（P.116 東大和市）
小平市中島町21-1
☎042-341-0344
薬事資料館は土日祝休
入園無料

殿ヶ谷戸庭園（P.124 国分寺）
国分寺市南町2-16
☎042-324-7991
入園料150円

野川公園（P.152 多磨）
調布市野水ほか
☎0422-31-6457（野川公園管理所）

東伏見アイスアリーナ（P.87 東伏見）
西東京市東伏見3-1-25
☎0424-67-7171
大人1700円　小人1000円（貸靴含む）
不定休

東村山中央公園（P.138 八坂・萩山）
東村山市富士見町5-4-67
☎042-392-7322

びくに公園（P.20 大泉学園）
練馬区東大泉2-28-31
☎03-3921-5203

府中市郷土の森（P.157 是政）
府中市南町6-32
☎042-368-7921
入園料100円
第1月曜休（祝日は翌日休）

文理台公園（P.22 保谷）
西東京市東町1-4
☎0424-64-1311（西東京市役所）

平和の森公園（P.75 野方・沼袋）
中野区新井3-37-6
☎03-3385-4150
月曜休

万葉植物園（P.124 国分寺）
国分寺市西元町1-13-16
☎042-321-0420（文化財保存館）
月曜休

みずくらいど公園
（P.122 拝島・西武立川）
福生市熊川1360
☎042-551-1511（福生市役所）

妙正寺公園（P.80 井荻・下井草）
杉並区清水3-21-21
☎03-3312-2111（杉並区役所）

向山緑地公園（P.24 ひばりヶ丘）
東久留米市南沢3-16
☎0424-70-7777（東久留米市役所）

武蔵関公園（P.86 東伏見）
練馬区関町北3-45-1
☎03-3928-2484

武蔵野公園（P.150 新小金井）
府中市多磨町2-24-1
☎042-361-6861

武蔵野中央公園（P.88 西武柳沢）
武蔵野市八幡町2-4-22
☎0422-54-1884

公園

あけぼの子どもの森公園（P.46 元加治）
飯能市阿須893-1
☎0429-72-7711
月曜休

阿須運動公園（P.46 元加治）
飯能市阿須812-3
☎0429-73-2111（飯能市役所）

おとめ山公園
（P.72 中井・下落合・高田馬場）
新宿区下落合2-10
☎03-3364-2421

上奥富運動公園（P.108 新狭山）
狭山市上奥富999
☎042-953-0356

川越道緑地古民家園（P.118 玉川上水）
立川市幸町4-65
☎042-525-0860
（立川市歴史民俗資料館）
月曜休（祝日は翌日休）

北山公園（P.98 東村山）
東村山市野口町3-48-1
☎042-394-6639

栗山公園健康運動センター
（P.150 新小金井）
小金井市中町2-21-1
☎042-382-1001
第2・4月曜休

向山庭園（P.14 練馬・豊島園）
練馬区向山3-1-21
☎03-3926-7810
月曜休

小平ふるさと村（P.92 花小金井）
小平市天神町2-57
☎042-345-8155
入園無料
月曜、第3火曜休

小平霊園（P.94 小平）
東村山市萩山町1-16-1
☎042-341-0050

小柳公園（P.156 競艇場前）
府中市小柳町6-10
☎042-335-4315（公園緑地課）

狭山公園
（P.140 武蔵大和·西武遊園地ほか）
東村山市多摩湖町
☎042-393-0154（狭山公園管理所）

石神井公園
（P.18 石神井公園・練馬高野台）
練馬区石神井台1・2
☎03-3996-3950

善福寺公園（P.82 上石神井・上井草）
杉並区善福寺2・3
☎03-3396-0825

多磨霊園（P.152 多磨）
府中市多磨町4
☎042-365-2079

竹林公園（P.24 ひばりヶ丘）
東久留米市南沢1-7
☎0424-70-7777（東久留米市役所）

智光山公園（P.106 狭山市）
狭山市柏原561
☎042-953-5111
動物園入園料200円
月曜休（動物園のみ）

哲学堂公園（P.75 野方・沼袋）
中野区松ヶ丘1-34-28
☎03-3954-4881（管理事務所）

東伏見アイスアリーナ 87
東伏見稲荷神社 86
東村山中央公園 138
東村山ふるさと歴史館 98
びくに公園 20
ひょっこら屋 61
平櫛田中館 134
比良の丘 36
日和田山 54
福泉寺 22
福蔵院 78
武甲温泉 66
武甲酒造 68
冨士見茶屋 59
フジペット 135
府中郷土の森 156・157
フルール楠 103
プルファー 119
ふれあい下水道館 134
文理台公園 22
平安院 136
平成ツツジ公園 12
平和の森公園 75
法長寺 66
卜雲寺 66
ポム 119
堀兼神社 104
本立寺 84

ま

埋蔵文化財調査センター 34
舛屋酒店 113
曼珠紗華の群生地 52
万年橋のケヤキ 96
万葉植物園 124
三ヶ島葭子資料室 36
みずくらいど公園 122
ＭＩＸ 127
南沢緑地保全地域 24
妙延寺 20
妙正寺池 80
妙正寺川 78
妙正寺公園 80
宮坂醸造 75
宮沢湖 50
宮本 131
向山緑地公園 24
むささび亭 53
武蔵国分尼寺跡 125
武蔵関公園 86
武蔵大 10
むさし野 85
武蔵野音大楽器博物館 10
武蔵野公園 150
武蔵野中央公園 88
武蔵野夢現麦酒パブ 38
武蔵野夢現ブルワリー 39
明治寺 75
目白学園遺跡 72
もっきん工房 53
本村公園 148
物見山 54

や

薬師堂 124
やなぎや 68
ユネスコ村大恐竜探険館 140
嫁菜の花美術館 74

ら

ララミーハム 38
lampada 74
龍源寺 152
流泉寺 120
レオライナー 140
ローラー滑り台 64

わ

わへいそば 68

た

大円寺　26
大東京綜合卸売センター　157
高指山　54
高橋家の大ケヤキ　148
たけのこ公園　92
たつみうどん　35
たなか　25
田無神社　90
多福寺　102
多摩川　156・157
多摩川競艇場　156
玉川上水
116・118・120・122・130・134・148
多摩湖　139・140・144
多摩湖自転車道　92・138・140
多磨霊園　152
多聞院　102
竹林公園　24
智光山公園　106
秩父公園橋　68
秩父困民党無名戦死の墓　68
秩父神社　68
秩父そばの会　68
長栄寺　100
長久寺　32
長源寺　30
彫刻の谷緑道　116
直心堂　101
実蔵院　32
テルメ小川　129
天神社　22
天覧山　48
東京競馬場　154
東京染ものがたり博物館　72
東大大学院付属演習林・農場　90
東京都薬用植物園　116・130
東京白十字病院　98
東郷寺　154
ドールドール　76
登喜和食品　155
不老川　104
豊島園遊園地　14
トトロの森　144
殿ヶ谷戸庭園　124

な

中井出世不動尊　72
長崎富士　8
なかの　67
中野区立歴史民俗資料館　75
中村研一美術館　150
Naturale　Rico　139
ニコニコ堂　126
日大芸術学部　102
新田義貞将軍塚　98・144
猫地蔵尊　72
子の権現　60
練馬区立美術館　16
練馬文化センター　12
能仁寺　48
野川　150・152
野川公園　152
野崎美術館　94
のゝはな　93
野々宮神社　104
野火止用水　96・130
野火止用水清流復活の碑　130

は

萩山公園　138
白山神社　14
はけの小路　150
化け地蔵　104
ハタダベーカリー　87
八国山　98・144
八幡神社　16
Happy Time　87
鳩峯八幡神社　142
林芙美子記念館　72
飯能市郷土資料館　48

国木田独歩の碑 148
櫟庵 48
首つぎ地蔵 16
九品院 14
熊谷守一美術館 8
熊野宮 136
久米川古戦場跡 98
黒鐘公園 125
黒目川 26・94
栗山公園健康運動センター 150
源さん 124
航空公園 101
航空発祥記念館 101
香采軒 16
広徳寺 14
広福寺 108
向山庭園 14
高揚 76
語歌堂 66
国分寺市文化財保存館 124
五条の滝 54
小平ふるさと村 92
小平霊園 94
骨董長屋 68
小手指古戦場の碑 34
高麗川 52
高麗神社 52
小柳公園 156
金剛院 104
近藤勇生家跡 152
金毘羅神社 54

さ

最勝院国分寺 124
西善寺 66
サイボクハム 106
境山野公園 148
鷺宮八幡神社 78
狭山湖 34
狭山公園 140
狭山山不動寺 140
狭山茶業農業協同組合 104
狭山博物館 40
サンエトワール 119
珍珍珍 89
サントリー武蔵野ビール工場 157
サンパーク奥富 108
三宝寺池 18
残堀川 120
慈眼寺 68
自性院 72
下保谷森林公園 22
石神井池 18
石神井川 19・88
石神井公園 18
シャロン 119
十一ヶ寺 14
時遊人 125
上水園 118
上水公園 122
聖天院 52
正福寺 98
松明堂ギャラリー 129
松明堂音楽ホール 103
神学院 84
シントン 128
神明社 32
杉並区立科学教育センター 80
鈴木遺跡資料館 134
ぜいたく煎餅 17
西武鉄道安比奈線 110
西武ドーム 140
石撞六角地蔵 90
千川上水 82・88
千体地蔵堂 98
善福寺公園 82
蕎麦喰い地蔵 14
染の里二葉苑 72

さくいん

あ

秋津神社 30
明智寺 66
あけぼの子どもの森公園 46
浅見茶屋 60
浅見養鯉場 56
あしがくぼフルーツガーデン 64
アジサイ公園 92
阿須運動公園 46
あづまや 32
アトリエはんの実 49
アフリカンフォレスト 11
新井薬師 74
荒幡富士 142
井草観音堂 80
井草八幡宮 82
石川酒造 122
伊豆ヶ岳 62
銀杏稲荷 80
入間川 40・108
入間グリーンロッジ 44
入間市博物館・アリット 42
入間野神社 104
入間宮寺教会 42
岩崎家住宅 8
いわさきちひろ絵本美術館 82
うどの碑 148
梅田園 121
梅乃 33
江古田富士 10
エスポワール 157
大けやき道 128
小川寺 128
奥武蔵グリーンライン 58
奥武蔵自然公園 50
オザキフラワーパーク 84
遅野井 82
お鷹の道 124
落合川 24・26
おとめ山公園 72
おもちゃ美術館 74
小山台遺跡公園 26
音楽寺 68
御獄神社 16
恩多野火止水車苑 96

か

菓子屋横丁 112
加治神社 50
果樹公園村 64
花侵庵 150
一喜 21
ガス資料館 94
かたくりの郷 57
加藤近代美術館 68
上奥富運動公園 108
茅原浅間神社 10
唐澤博物館 12
空堀川 30・96
川越大師・喜多院 112
川越道緑地古民家園 118
河内屋 73
かんかん地蔵 82
神田川 72
北野天神 34
北山公園 98
杵築大社 148
きぬたや 126
甲子 11
旧神山家住宅 92
旧武蔵ハイキングコース 44
教学院 20
清瀬市郷土博物館 28
木楽里 56
銀河堂 48

◎著者紹介
大滝玲子（おおたき・れいこ）
1951年 栃木県生まれ。
武蔵野美術大学造形学部卒。武蔵野市在住。
著書：『親子で野となれ山となれ』（けやき出版）
『どんぐりノート』（共著・文化出版局）
『まるごとどんぐり』（共著・草土文化）

<同行者>
月舘節子（つきだて・せつこ）

駅からあるく西武線

2001年9月26日　第1刷発行

著　者　大滝玲子
マップ　大滝玲子
発行者　清水　定
発行所　株式会社 けやき出版
〒190-0023 東京都立川市柴崎町3-9-6
TEL 042-525-9909
DTP　有限会社 明文社
印刷所　株式会社 平河工業社

Printed in Japan 2001　ISBN4-87751-149-0 C2026